《玉茗堂四夢》 戲劇危機研究

于復華著

文史哲學集成
文史哲出版社印行

國家圖書館出版品預行編目資料

《玉茗堂四夢》戲劇危機研究 / 于復華著. --
初版--臺北市：文史哲，民 101.02
頁;公分（文史哲學集成；615）
參考書目：頁
ISBN 978-986-314-020-7（平裝）

1. 中國戲劇 2. 戲劇評論 3. 比較研究

982   101003192

文史哲學集成 ₆₁₅

《玉茗堂四夢》戲劇危機研究

著　　者：于　　　復　　　華
出 版 者：文　史　哲　出　版　社
　　　　　http://www.lapen.com.tw
　　　　　e-mail：lapen@ms74.hinet.net
登記證字號：行政院新聞局版臺業字五三三七號
發 行 人：彭　　　正　　　雄
發 行 所：文　史　哲　出　版　社
印 刷 者：文　史　哲　出　版　社
　　　　　臺北市羅斯福路一段七十二巷四號
　　　　　郵政劃撥帳號：一六一八〇一七五
　　　　　電話886-2-23511028・傳真886-2-23965656

實價新臺幣二八〇元

中華民國一百零一年（2012）二月初版

自　序

　　本書是因明傳奇教學研究所撰寫的論文，由於傳奇都會安排大小收煞的戲劇高潮，因此自然必需鋪排戲劇危機，以製造最大的戲劇衝突達到戲劇的高潮，兩者之間的關係為何？是否有一定架構模式？因此激發自己研究的興趣，選擇明傳奇著名劇作家湯顯祖的《玉茗堂四夢》為研究的基礎，同時擴及明傳奇的《六十種曲》，研究分析明傳奇之戲劇危機的類別、戲劇危機的解決方式、戲劇危機與戲劇衝突關係，探討出明傳奇運用戲劇危機的模式。

　　全書分為 8 章，包含《玉茗堂四夢》戲劇危機之分析及《玉茗堂四夢》戲劇危機運用模式，也探討大小收煞與戲劇危機關係，同時也研究傳奇之前的南戲包含《荊釵記》、《白兔記》、《幽閨記》、《殺狗記》，其戲劇危機如何安排並與其比較，是否《玉茗堂四夢》有承襲一些特色，當然也與同時代其他明傳奇也要進行比較，包含《香囊記》、《義俠記》、《鳴鳳記》、《驚鴻記》及其他《汲古閣六十種曲》，而明傳奇之後的清傳奇，其戲劇危機鋪排有無改變，因此分析清傳奇《長生殿》、《桃花扇》、《冬青樹》、《清忠譜》的戲劇危機，然後與《玉茗堂四夢》戲劇

危機之運用進行比較，由於西方偉大劇作家莎士比亞，恰巧與湯顯祖同一生存年代，因此分析莎士比亞四大悲劇《哈姆雷特》《李爾王》、《馬克白》、《奧賽羅》戲劇危機，然後進行比較，探討東西方在不同的地理及人文環境上其戲劇危機運用上有何不同。

雖然在劇院行政工作的忙碌，仍然運用空餘時間閱讀及整理完近 70 個劇本的資料，發現不同的劇作家運用其不同的生活經驗及想像力，創造出不同的戲劇危機類別，而這些戲劇危機的類別也是我們後代人創作戲劇時，最佳的參考素材，同時我們在面對人生危機時，也可參考劇中人物如何去面對危機，而能化險為夷，畢竟人生如戲，許多人生的哲理都存在於戲劇之中。

《玉茗堂四夢》戲劇危機研究

目　　次

第一章　緒　論

第一節　《玉茗堂四夢》戲劇危機的
研究價值與意義

　　戲劇危機對於觀眾而言是維繫其觀賞興趣非常重要的動力，因爲讓劇中人物陷於危險之中，觀眾就會想要見到劇中人物是否會脫困？而用何種方式脫困？這種好奇心人類本性也讓戲劇結構安排產生好的方法。布羅凱特在《世界戲劇藝術的欣賞》一書中談及戲劇結構時，對於戲劇危機產生有清楚的闡述，戲劇行動是一連串足以達到各劇目的事件結構而成，所謂結構，說到末了，也就是一種導引觀眾注意力的方法，要把觀眾的注意力集中在能夠產生富意義的形態的種種關係上。而通常要達於結構的統一性，可以經由思想、人物、或事件所安排的因果關係。傳統上最常見的結構原則是事件安排上的因果律。採用這種方式的劇作家首先在戲的開頭佈置下種種狀況－整個戲劇行動的局面，各個人物的慾望與動機等－由此發展出以後種種情節。一個人物的目的與其

他人物目的發生衝突，或者一個人物內心兩種衝突慾望也可能導致危機發生。劇本內容以克服重重阻礙為中心，每一場戲每一景的發展都是由前一段戲邏輯地推演而來。[1]

　　就以明傳奇《荊釵記》的戲劇危機而言，錢玉蓮的跳江就會讓觀眾產生一連串好奇的問題，包含錢玉蓮會死亡嗎？如果不死亡她又如何被解救？她能與丈夫團圓嗎？因此觀眾會持續欣賞讓心中的疑惑能夠解除，同樣的在西方戲劇也會製造戲劇危機，就以莎士比亞的戲劇《哈姆雷特》而言，哈姆雷特在其叔父安排毒劍、毒酒陷害他時，觀眾也會產生一連串好奇的問題，哈姆雷特會死亡嗎？有人會解救他嗎？因此戲劇危機是戲劇結構中重要的安排，因此如何製造戲劇危機？戲劇危機又應該何時出現？戲劇危機又應如何解決？對於每一齣戲都非常的重要，因為傳奇創作有程式化的特性，林鶴宜教授在論《明清傳奇敘事程式性》論文中，提及結構性程式觀念，一部傳奇的情節線包括生、旦相互感應、對稱、配合的兩條「主情節線」；加上一條用來調劑文武鬧靜或誇逕生腳韜略的「武戲情節線」；視故事不同，又可搭配一條反面人物行動的「對立情節線」；或是一條正面人物幫助生旦的「輔助情節線」。這五條線的組合，可以說是傳奇敘事程式的基架，然而唯有生旦兩條主情節線才是結構所需，其餘可以視需要斟酌加減[2]。是否反面人物行動的「對

---

1 布羅凱特（Oscar G. Brockett）原著 胡耀恆譯：《世界戲劇藝術欣賞》（台北：志文出版社，1974年），頁49。
2 林鶴宜：《論明清傳奇敘事程式性》明清戲曲國際研討會論文集上（中央研究院中國文哲研究所籌備處，1998年），頁151。

立情節線」與戲劇危機有密切關係？以便讓生旦分離或受到傷害，因此以《玉茗堂四夢》爲基本研究的基礎，同時擴及明傳奇的《汲古閣六十種曲》，研究分析明傳奇之戲劇危機的類別、戲劇危機的解決方式、戲劇危機與戲劇衝突關係。

第二節　明傳奇《玉茗堂四夢》作品之特色

《玉茗堂四夢》之劇作家爲湯顯祖，字義仍，號海若，自署清遠道人，江西臨川人，十四歲進學堂，二十一歲中舉，當時張居正宰相欲延攬其爲官，但因他拒絕結納權勢，博取功名而加以婉拒，直到張居正死後，他再考上進士，擔任南京禮部祭祀司主事，萬曆十九年，全國大災荒，再加上邊防失守，他曾上書〈論輔臣科疏〉，指出種種弊端，卻被貶爲徐聞縣典吏，萬曆二十四年，明神宗借收礦稅之名，到處收刮，湯顯祖傷心隱居寫劇。[3]

由於湯顯祖的《玉茗堂四夢》作品特色就是情節都有夢境產生，其夢境光怪陸離，內容卻相當豐富，或反映他對親友的真切懷念，或記錄自己和親人生活中發生重大變故前的心理活動，或關乎政治鬥爭，或涉及到對人生哲理的思考，

---

3 張庚、郭漢城：《中國戲劇通史》（台北：丹青出版社，1985年），頁85。

在在都透露來自其心理世界的信息。[4]《還魂記》杜麗娘夢境中遇丈夫柳夢梅，竟能夢想成真，歷經苦難成為夫妻，《南柯記》淳于棼夢境中進入大槐國，展開人生渴望擁有的官位、婚姻、財富，但曇花一現，也失去所有回到現實的人生，《邯鄲記》盧生入夢後見崔氏女兩人隨即成親，展開一段宦海無情歷險的情節，《紫釵記》霍小玉病中一夢有黃衣俠士送小鞋因而現實中果然出現黃衣俠士解救其丈夫，由於因夢而產生戲劇危機，或是因夢而解決戲劇危機，現實世界的戲劇危機與夢境中的戲劇危機是否相同？因此以《玉茗堂四夢》為研究的主體有其意義。

---

4 王永健：《湯顯祖與明清傳奇研究》（台北：志一出版社，1995年），頁27。

第二章 《玉茗堂四夢》戲劇危機

第一節 《還魂記》戲劇危機分析

　　《還魂記》故事大綱為南安太守杜寶有獨女杜麗娘，延請老秀才陳最良教她讀毛詩。某日春天，麗娘與其婢女春香去荒蕪的花園遊賞，傷春有感而睡去，夢中和持柳枝男子在牡丹亭合歡，醒後，就因思念而害病，日漸憔悴，於是自己畫下真容，題上詩句，叫春香藏在花園中的太湖石畔，並願死後葬花園的梅樹下。麗娘死後，杜寶奉旨他遷揚州，行前為愛女造梅花觀，令石道姑和陳最良看理觀、墓。三年後，有嶺南秀才柳夢梅，因陳最良搭救，而在梅花觀養病，後來他在花園中的太湖石畔拾得麗娘真容，帶回供奉。麗娘感他深情，夜夜魂來幽會，並告訴他為她發棺，可以重生。麗娘復活後，柳夢梅怕發棺有罪，就帶著麗娘和石道姑一起逃到臨安應試。未發榜而遇兵變，麗娘聞知父親被困淮安，就叫柳夢梅去尋杜寶夫婦。杜寶以為柳夢梅無賴認婿，拘捕他遞往臨安。這時臨安因兵變已平，發榜是柳夢梅中了狀元，才

得釋放；而麗娘也和母親相遇，於是一家團圓。[1]

分析其情節大綱，共有 55 齣：

第一齣　標目　副末出場講述故事大綱。

第二齣　言懷　柳夢梅與其僕郭橐駝種果樹相依為命，並自
　　　　　　　述因作一夢，夢到在梅花樹下遇美人，因
　　　　　　　此改名夢梅。

第三齣　訓女　杜麗娘成年，杜太守為其延師，要其知書達
　　　　　　　禮。

第四齣　腐嘆　陳最良受託為師。

第五齣　延師　杜麗娘拜陳最良為師。

第六齣　悵眺　柳夢梅自嘆時運不濟。

第七齣　閨塾　杜麗娘研讀詩書。

第八齣　勸農　杜太守下鄉視察。

第九齣　肅苑　杜麗娘命其僕整理花園。

第十齣　驚夢　杜麗娘遊花園作夢，夢見持柳枝之書生在花
　　　　　　　園內，與其翻雲覆雨。

第十一齣　慈戒　夫人責罵春香為何引小姐至後花園。

第十二齣　尋夢　杜麗娘再至花園尋夢。

第十三齣　訣謁　柳夢梅希望登科及第。

第十四齣　寫真　杜麗娘為自我畫像，常留青春美貌。

第十五齣　虜諜　大金皇帝完顏亮興兵作亂。

第十六齣　詰病　杜母擔心其女之病。

---

1 黃麗貞：《南劇六十種曲研究》（台北：商務印書館，1972 年），
　頁 26。

第十七齣　道覡　石道姑前來看病。

第十八齣　診祟　石道姑以趕鬼方式爲杜麗娘治病。

第十九齣　牝賊　溜金王準備作亂。

第二十齣　鬧殤　杜麗娘病重而死，死前希望能將其畫像藏
　　　　　　　　在後花園。

二十一齣　謁遇　柳夢梅途經多寶寺，見朝廷寶物。

二十二齣　旅寄　柳夢梅落水爲陳最良所救。

二十三齣　冥判　杜麗娘死後入地獄，因其姻緣未了，因而
　　　　　　　　放出。

二十四齣　拾畫　柳夢梅遊後花園見杜麗娘畫像。

二十五齣　憶女　杜母思念女兒。

二十七齣　魂遊　杜麗娘鬼魂出現。

二十八齣　幽媾　柳夢梅與杜麗娘鬼魂相遇。

二十九齣　旁疑　老道姑聽見書生房間有女人聲懷疑鬧鬼。

第三十齣　懽撓　老道姑再闖書生房間，確認畫已成精。

三十一齣　繕備　杜太守抵禦溜金王作亂。

三十二齣　冥誓　柳夢梅與杜麗娘山盟海誓後，杜麗娘告知
　　　　　　　　目前爲鬼魂，希望柳夢梅能協助重返人
　　　　　　　　世。

三十三齣　秘議　柳夢梅請老道姑協助將杜麗娘回魂。

三十四齣　詗藥　老道姑準備回魂湯藥。

三十五齣　回生　杜麗娘重回人世。

三十六齣　婚走　柳夢梅與杜麗娘遠走京城。

三十七齣　駭變　陳最良發現杜麗娘屍體不見。

三十八齣	淮警	杜太守遭溜金王圍城。
三十九齣	如杭	柳夢梅準備赴考。
第四十齣	僕真	郭駝尋主。
四十一齣	耽試	柳夢梅雖過考期卻以特別的立論「天下之勢，能戰而後能守，能守而後能戰，可戰可守而後能和」考上狀元。
四十二齣	移鎮	杜太守移鎮淮安。
四十三齣	禦淮	溜金王實施圍城之計。
四十四齣	急難	柳夢梅受杜麗娘之託打探岳父的消息。
四十五齣	寇間	陳最良為溜金王所擄並被利用來勸降。
四十六齣	折寇	杜太守以金銀財寶利誘溜金王。
四十七齣	圍釋	溜金王接受金銀財寶，戰事平息。
四十八齣	遇母	杜麗娘與母相遇。
四十九齣	淮泊	柳夢梅肚饑又無錢至漂母寺而感嘆。
第五十齣	鬧宴	柳夢梅遭岳父誤解為偷其女兒屍體之兇手。
五十一齣	榜下	苗舜賓告知杜太守柳夢梅為狀元。
五十二齣	索元	郭駝知其主人已為狀元。
五十三齣	硬拷	柳夢梅因開棺劫財遭岳父判為死囚。
五十四齣	聞喜	杜麗娘告知父親原由，全家團圓。
五十五齣	圓駕	黃帝下令褒封。

　　分析其戲劇危機發生原因及解決方式分別是：

一、異族作亂：

　　從第十五齣虜諜開始，大金皇帝完顏亮興兵作亂，造成劇中人物對戰爭的驚恐，然後持續擴大戰爭危機，包含第十

九齣牝賊，溜金王準備作亂，第三十八齣淮警，杜太守遭溜
金王圍城，第四十三齣禦淮，溜金王持續實施圍城，以及第
四十五齣寇間，陳最良為溜金王所擄並被利用來勸降。而其
戲劇危機解決方式則是利用人性貪財的弱點，在第四十七齣
圍釋，溜金王接受金銀財寶，戰事平息。

二、難癒疾病：

從第十六齣詰病開始，由杜母擔心其女之病得知杜麗娘
生病嚴重，之後第十八齣診祟，則以石道姑以趕鬼方式為杜
麗娘治病，希望其能痊癒，戲劇危機解決方式卻事與願違在
第二十齣鬧殤，杜麗娘病重而死，其父母非常哀傷。

三、生死抉擇：

第二十三齣冥判，杜麗娘死後原應入地獄，卻因為其父
積善德且姻緣未了，因而被判官放出地獄因而回生，與三十
五齣回生，杜麗娘重回人世不謀而合。

四、搭船落水：

在第二十二齣旅寄，柳夢梅搭船卻落水，有溺死的危
機，戲劇危機解決方式是恰巧為杜麗娘老師陳最良所救，因
此能促成姻緣。

五、誤解冤屈：

在第五十齣鬧宴，柳夢梅遭岳父誤解為偷其女兒屍體之
兇手，到第五十三齣 硬拷，柳夢梅甚至遭岳父判為死囚，
戲劇危機解決方式是第五十四齣聞喜，杜麗娘告知父親原
由，全家團圓。

第二節 《南柯記》戲劇危機分析

　　《南柯記》故事大綱爲淳于棼原是淮南軍裨將，因酗酒免官。在他揚州城外的住所，庭院內有一棵古老的槐樹，他常和朋友周卉、田子華在樹下喝酒。樹下有一蟻穴，蟻國名槐安國，有金枝公主瑤芳要招駙馬，由瓊英和靈芝夫人去尋覓人選，因孝感寺盂蘭盛會，瓊英二人和淳于棼都來看番舞，相見之下，瓊英就決定爲瑤芳招淳于棼爲駙馬。某日，淳于棼酒醉而臥，就夢見自己被牛車迎到槐安國，和瑤芳成婚，被派做南柯太守二十年。鄰國檀蘿四太子檀郎，動兵相侵，想奪取瑤芳爲妻，後雖解圍，但瑤芳驚嚇成病，在歸國途中病死。公主死後，淳于棼在槐安國受排斥，又因醉酒和瓊英、靈芝夫人等荒淫，槐安國王就送他還鄉，仍用牛車從原路送他回家。淳于棼酒醒了，看到僕人、朋友，日影未西，喝剩的酒還是溫熱的，回想夢境二十年的景象，掘開槐根才知道是槐樹下的蟻國，於是請感恩寺契玄禪師爲亡父、金枝公主和群蟻祈福升天。最後，亡父、亡友、瓊英、公主、及槐安、檀蘿的蟻都升天。當公主升天時，淳于棼舊情復發，抱住強留，請重作夫妻，被禪師以劍分開，於是淳于棼頓然徹悟一切皆空，立地成佛。[2]

---

2 黃麗貞：《南劇六十種曲研究》（台北：商務印書館，1972 年），頁 25。

　　分析其情節大綱，共有 44 齣：

第一齣　提世　末腳上場講述故事大綱。

第二齣　俠概　淳于棼原為將軍，因喝酒被免官，落魄而喝
　　　　　　　酒解愁。

第三齣　樹國　大槐國王螻蟻享天下太平。

第四齣　禪請　老禪師契玄師承佛主修行。

第五齣　宮訓　大槐國金枝公主欲選駙馬。

第六齣　謾遣　眾人前往甘露寺聽道。

第七齣　偶見　瓊英郡主在甘露寺遇淳于棼，覺得可引為駙馬。

第八齣　情著　淳于棼聽大師講道。

第九齣　決婿　大愧國王后決定安排成婚事宜。

第十齣　就徵　淳于棼酒醉，黑衣人帶其前往大槐國。

第十一齣　引謁　淳于棼成為駙馬，見大槐國王。

第十二齣　貳館　在大槐國淳于棼遇舊友。

第十三齣　尚主　淳于棼與公主完婚。

第十四齣　伏戎　檀蘿國興兵作亂。

第十五齣　侍獵　淳于棼陪國王打獵。

第十六齣　得翁　金枝公主探尋淳于棼身世，並託寄家書給
　　　　　　　　其父親。

第十七齣　議守　丞相欲找適當人選抵禦檀蘿國。

第十八齣　拜郡　淳于棼獲父親家書非常高興，同時也受命
　　　　　　　　為南柯太守，前去抵禦檀蘿國。

第十九齣　薦佐　淳于棼前往南柯。

第二十齣　御餞　國王為女兒及女婿餞行。

二十一齣	錄攝	南柯幕府官準備新太守前來。
二十二齣	之郡	公主與駙馬抵達南柯。
二十三齣	念女	王后擔心女兒身體不佳,送佛經交女兒祈福消災。
二十四齣	風瑤	紫衣人訪談南柯百姓,得知南柯太守深獲民心。
二十五齣	玩月	淳于棼與公主享受明月美景。
二十六齣	啓寇	檀蘿國四太子欲搶公主為妾。
二十七齣	閨警	公主準備守城,並派兒子前往南柯通知父親。
二十八齣	雨陣	淳于棼獲知消息,出兵前往瑤台解圍。
二十九齣	圍釋	檀蘿國四太子圍城,適時淳于棼趕到解圍。
第三十齣	帥北	周弁將軍因酒醉作戰敗北。
三十一齣	繫帥	淳于棼將周弁將軍下獄。
三十二齣	朝議	國王希望周弁將軍將功贖罪。
三十三齣	召還	國王命淳于棼為丞相。
三十四齣	臥轍	淳于棼與南柯好友別離。
三十五齣	芳隕	公主病重而亡。
三十六齣	還朝	淳于棼回朝聽周弁因病而死非常傷心。
三十七齣	粲誘	瓊英郡主誘惑淳于棼。
三十八齣	生恣	瓊英郡主與上真仙子陪伴淳于棼喝酒。
三十九齣	象遣	淳于棼之損德惡行遭國王遣返回鄉。
第四十齣	疑懼	淳于棼與其子談未來生活之安排。
四十一齣	遣生	紫衣官將淳于棼送返人間。

四十二齣　尋寤　淳于棻回到人間而夢醒。

四十三齣　轉情　淳于棻拜禪師請求父親妻子升天。

四十四齣　情盡　天門已開，淳于棻與父親妻子再見面。

　　分析其戲劇危機發生原因及解決方式分別是：

一、異族作亂：

　　從第十四齣伏戎開始，檀蘿國興兵作亂，造成劇中人物對戰爭的驚恐，然後持續擴大戰爭危機，包含第二十六齣啓寇，檀蘿國四太子欲搶公主為妾。而其戲劇危機解決方式則是第二十九齣圍釋，檀蘿國四太子圍城，適時淳于棻趕到解圍。

二、難癒疾病：

　　從第二十三齣念女開始，王后擔心女兒身體不佳，送佛經交女兒祈福消災，之後戲劇危機解決方式卻事與願違在第三十五齣芳隕，公主病重而亡。

三、美色誘惑：

　　從第三十七齣粲誘開始，瓊英郡主誘惑淳于棻，之後瓊英郡主與上真仙子陪伴淳于棻喝酒，讓淳于棻有背妻之惡劣聲譽，因此戲劇危機解決方式為第三十九齣象遣，淳于棻之損德惡行遭國王遣返回鄉。

四、喝酒誤事：

　　在第三十齣帥北，周弇將軍因酒醉作戰敗北，因此淳于棻本要將其斬首示眾，後將周弇將軍下獄交國王處置，其戲劇危機解決方式第三十二齣朝議，國王讓周弇將軍將功贖罪免其死罪。

第三節 《邯鄲記》戲劇危機分析

故事大綱爲呂洞賓下凡至洞庭湖畔岳陽樓，要度脫世人，見邯鄲地方有神仙氣，於是往邯鄲而去。在邯鄲趙州橋北小飯店遇到盧生，兩人談話間，盧生困倦，這時店主人正在蒸黃梁，於是躺在褥上假寐，呂洞賓拿一個磁枕給他睡。盧生迷糊進入一座大院，遇到一個女子，迫他成婚，原來這家是山東清河縣豪富崔氏。

婚後，妻子要他去應試，試官宇文融不取他，他就用行賄手段得到狀元，宇文融就憎恨他，一再刁難，派他鑿石河，誣他造反，使他被抄家，妻爲官婢。後因他妻織了迴文宮詞，得黃帝憐憫，又查出宇文融的罪，於是召還盧生。二十年後盧生做了宰相，封趙國公，兒子四人都得官，一門榮貴至極，到八十多歲一病而死，卻原來是一場夢，睜眼一看，還在飯店，主人蒸的黃梁還未熟，於是悟出人生真諦，就拜呂洞賓爲師，雲遊仙境，參見鍾離七仙，吉慶終場。[3]

分析其情節大綱，共有 30 齣：

第一齣　標引　開場家門。

第二齣　行田　介紹劇中主要角色盧生。

第三齣　度世　呂洞賓尋找合適人選要將其度世。

---

3 黃麗貞：《南劇六十種曲研究》（台北：商務印書館，1972 年），頁 24。

第四齣　入夢　呂洞賓見盧生相貌精奇有半仙之緣便將其度
　　　　　　　世，盧生入夢見崔氏女，姻緣已至兩人隨
　　　　　　　即成親。

第五齣　招賢　皇帝招賢，蕭嵩及裴光庭準備赴試。

第六齣　贈試　盧生受妻子的金錢資助進京赴試。

第七齣　奪元　因金錢買通高力士因此盧生考上狀元。

第八齣　驕宴　丞相宇文融宴請新科狀元，盧生驕傲得罪宇
　　　　　　　文融。

第九齣　虜動　吐蕃準備作亂。

第十齣　外補　盧生偷寫誥命返家，卻被丞相宇文融發現上
　　　　　　　告黃帝，因此被貶官爲陝州知府鑿石開
　　　　　　　河。

第十一齣　鑿郟　盧生以鹽醋燒山之法順利完成開河。

第十二齣　邊急　唐軍中計遭吐蕃悉那邏將軍殲滅。

第十三齣　望幸　盧生奉承安排黃帝巡視事討黃帝歡心。

第十四齣　東巡　黃帝巡視滿意歡欣，派盧生爲征西大將軍。

第十五齣　西諜　盧生用挑撥離間之計陷害吐蕃悉那邏將軍。

第十六齣　大捷　悉那邏將軍被殺吐蕃因而兵敗。

第十七齣　勒功　盧生攻至天山並題詩而返。

第十八齣　閨喜　盧生妻歡喜，因其丈夫封爲定西侯。

第十九齣　飛語　盧生再遭丞相宇文融陷害說其通番賣國。

第二十齣　死竄　盧生被捉本要斬首，其妻力救後免其一死
　　　　　　　送廣南鬼門關安置。

二十一齣　纔快　盧生妻續被宇文融陷害成爲官婢，其子流放。

二十二齣　備苦　盧生在廣南忍受痛苦。

二十三齣　織恨　寫盧生妻心境之苦，怨恨無人替盧生洗冤。

二十四齣　功白　吐蕃王子來朝，說出當年盧生放其父的經過才讓盧生負罪含冤，於是黃帝將宇文融下獄殺之，讓盧生返朝成為宰相。

二十五齣　召還　使臣到宣達皇令，盧生脫離困境準備返朝。

二十六齣　雜慶　寫盧生返朝後的富貴。

二十七齣　極欲　盧生二十年後封趙國公，食邑五千戶並有四個小孩長大成人為官，享受榮華富貴。

二十八齣　友嘆　盧生八十歲仍執迷功名。

二十九齣　生寤　盧生重病而亡亦是黃粱夢醒時，也醒悟人生。

三十齣　合仙　與眾仙一同前往東華帝君處修行。

分析其戲劇危機發生原因及解決方式分別是：

一、觸犯當權：

第八齣驕宴，丞相宇文融宴請新科狀元，盧生驕傲得罪宇文融，因而在第十齣外補，盧生偷寫誥命返家卻被丞相宇文融發現上告黃帝，因此被貶官為陝州知府鑿石開河，而其戲劇危機解決方式則是第二十四齣功白，黃帝明白真相後，將宇文融下獄殺之，讓盧生返朝成為宰相。

二、異族作亂：

從第九齣虜動，吐蕃準備作亂開始，造成劇中人物對戰爭的驚恐，然後持續擴大戰爭危機。而其戲劇危機解決方式則是第十五齣西諜，盧生用挑撥離間之計陷害吐蕃悉那邏將軍，到第十六齣大捷，悉那邏將軍被殺吐蕃因而兵敗。

三、陰謀設陷：

從第十九齣飛語，盧生再遭丞相宇文融陷害說其通番賣國，到第二十齣死竄，盧生被捉本要斬首，其妻力救後免其一死送廣南鬼門關安置，而其戲劇危機解決方式則是第二十四齣功白，黃帝明白真相後，將宇文融下獄殺之，讓盧生返朝成爲宰相。

第四節　《紫釵記》戲劇危機分析

故事大綱爲李益託鮑四娘物色配偶，四娘有意撮合小玉，元宵節時小玉母女看花燈，李益和朋友亦看燈，小玉不慎將玉釵失落，被李益檢到，李益拿給鮑四娘請她向霍王府求親，於是李益入贅霍王府。新婚不久，李益赴科場中了狀元，卻被盧太尉遣派邊關參軍，於是夫妻斷腸而別。李益守邊關三年才被召回，盧太尉又要招他爲婿，並派人謊告小玉，說李益已入贅盧府。小玉自李益去後，家境日衰，將定情紫玉釵也變賣了。恰巧紫玉釵賣入盧府，盧太尉知道紫玉釵爲小玉所有，於是謊騙李益說小玉已另嫁，而小玉爲李益憔悴臥病將死，於是李益朋友黃衫豪客將李益救回，小玉與李益和好團圓。[4]

分析其情節大綱，共有 53 齣：

---

4 黃麗貞：《南劇六十種曲研究》（台北：商務印書館，1972 年），頁 23。

第一齣　本傳開宗　故事大綱。

第二齣　春日言懷　介紹主要腳色李益，父親前朝相國母親
　　　　　　　　　大郡夫人，因富貴無常，流落長安。

第三齣　插釵新賞　介紹主要腳色霍小玉，其母鄭六娘，愛
　　　　　　　　　戴紫玉燕釵。

第四齣　謁鮑述嬌　鮑四娘爲歌妓有意撮合李益與霍小玉。

第五齣　許放觀燈　元宵燈節鄭六娘同意霍小玉上街觀燈。

第六齣　墮釵燈影　霍小玉不小心掉落玉釵，爲李益拾獲兩
　　　　　　　　　人一見鍾情。

第七齣　託鮑媒釵　李益託鮑四娘爲媒欲娶霍小玉。

第八齣　佳期議允　鮑四娘前來霍府說媒成功。

第九齣　得鮑成言　鮑四娘回報佳音。

第十齣　回求僕馬　李益爲安排婚事向朋友商借馬匹及僕人。

第十一齣　妝台巧絮　描繪霍小玉期待婚姻的情形。

第十二齣　僕馬臨門　僕馬已妥當準備成親。

第十三齣　花朝合巹　李益與霍小玉成親。

第十四齣　狂朋試喜　李益朋友前來賀喜。

第十五齣　權夸選士　盧太尉欲招狀元爲婿。

第十六齣　花院盟香　李益進京趕考夫妻將別離，兩人發誓
　　　　　　　　　　相愛。

第十七齣　春闈赴洛　新婚後赴試兩人難捨。

第十八齣　黃堂言餞　京兆府尹送李益赴洛陽趕考。

第十九齣　節鎮登壇　劉公濟將軍駐守邊關抵禦吐蕃。

第二十齣　春愁望捷　霍小玉期待丈夫能金榜題名。

二十一齣　杏苑題名　李益高中狀元。

二十二齣　權嬖計貶　盧太尉不滿李益中狀元不拜其門下，
　　　　　　　　　　被派去玉門關當參軍。

二十三齣　榮歸燕喜　李益衣錦榮歸非常得意。

二十四齣　門楣絮別　李益再度別離妻子岳母前往邊關平亂。

二十五齣　折柳陽關　李益與霍小玉兩人難捨難分。

二十六齣　隴上題詩　李益抵達邊關。

二十七齣　女俠輕財　霍小玉託李益友打探其消息。

二十八齣　雄番竊霸　吐蕃興兵作亂。

二十九齣　高宴飛書　李益以聯合大小河西制服吐蕃策略安排。

第三十齣　河西款傲　吐蕃投降。

三十一齣　吹台避暑　劉公濟宴請李益讚其破敵之功。

三十二齣　計局收才　盧太尉欲召李益為婿。

三十三齣　巧夕驚秋　七夕佳節霍小玉思念李益。

三十四齣　邊愁寫意　李益邊城思念家鄉。

三十五齣　節鎮還朝　奉皇帝命令李益還朝。

三十六齣　淚展銀屏　霍小玉的孤寂及思念。

三十七齣　移參孟門　李益拒絕為婿，遭盧太尉綁下並對外
　　　　　　　　　　說已招贅。

三十八齣　計哨訛傳　王哨兒傳達李益為盧太尉女婿的訊息。

三十九齣　淚燭裁詩　霍小玉得知李益變心消息至為哀痛，
　　　　　　　　　　寫詩一封給李益。

第四十齣　開箋泣玉　李益見小玉詩內心激動不已，愛若寒
　　　　　　　　　　爐火，棄如秋風扇。

四十一齣	延媒勸贅	盧太尉託李益好友韋夏卿勸說。
四十二齣	婉拒強婚	韋夏卿勸說李益還遭拒絕。
四十三齣	緩婚收翠	盧太尉準備購買手飾安排其女結婚事宜。
四十四齣	凍賣珠釵	霍小玉決定賣掉玉燕釵。
四十五齣	玉工傷感	玉工將玉燕釵轉賣盧太尉。
四十六齣	哭收釵燕	盧太尉買得訂情之紫玉釵，告知李益其妻已另嫁他人，因此販賣玉釵好讓其棄舊從新。
四十七齣	怨撒金錢	霍小玉將出售玉燕釵的金錢隨風而撒，讓怨恨隨錢而去。
四十八齣	醉俠閒評	黃衫豪士將解救李益。
四十九齣	曉窗圓夢	霍小玉病中一夢有黃衣俠士送小鞋，鮑四娘告知好兆頭。
第五十齣	玩釵疑歎	李益見釵傷心。
五十一齣	花前遇俠	黃衫豪士將李益從盧太尉處救出。
五十二齣	劍合釵圓	李益與霍小玉團圓。
五十三齣	節鎮宣恩	李益冠世文才驚人，武略不婚，權艷甚曉夫綱，封集賢殿學士，霍小玉憐才誓死，有望夫石不語之心，有懷清臺衛足之智，封太原郡夫人，盧太尉勢壓郎才，強其奠雁，威逼人命削太尉之職。

分析其戲劇危機發生原因及解決方式分別是：

一、觸犯當權：

第二十二齣權湞計貶，盧太尉不滿李益中狀元而不拜其門下，被派去玉門關當參軍，而其戲劇危機解決方式則是第三十五齣節鎮還朝，奉皇帝命令李益還朝。

二、丞相招婿：

從第十五齣權夸選士開始，盧太尉欲招狀元為婿，對於李益與霍小玉的愛情就埋下危機，果然至第二十二齣權湞計貶，盧太尉不滿李益中狀元而不拜其門下，被派去玉門關當參軍，至此夫妻分離；而第三十七齣移參孟門，李益不願貴易妻拒絕為婿，於是遭盧太尉綁下並對外說已招贅，因而造成霍小玉對愛情的絕望，決定賣掉玉燕釵悲慘的情境，而其戲劇危機解決方式則是第五十一齣花前遇俠，黃衫豪士將李益從盧太尉處救出。

三、引發戰爭：

從第二十八齣雄番竊霸，吐蕃興兵作亂，讓前往邊關平亂的李益陷於生命危險之中，而其戲劇危機解決方式則是到第二十九齣高宴飛書，李益以聯合大小河西制服吐蕃策略安排，終於在第三十齣河西款傲，打敗吐蕃。

第三章 《玉茗堂四夢》戲劇危機運用模式

第一節 《玉茗堂四夢》戲劇危機特色

　　《玉茗堂四夢》之危機類別，計有異族作亂、難癒疾病、生死抉擇、搭船落水、喝酒誤事、誤解冤屈、美色誘惑、觸犯當權、陰謀設陷、丞相招婿等，總數量為 15 個，戲劇危機一覽表詳如附錄一。

　　加以歸納分析有下述幾個特點：

　　1.在每一齣戲都出現異族作亂的危機，架構戲劇時空為戰亂的時代，增加緊張氣氛，而其危機解決方式有三齣戲都是平亂成功，只有一齣戲採財寶收買異族而解圍成功。

　　2.有兩齣戲《還魂記》《南柯記》都有難癒疾病危機發生，而其結果都是病重而死，但《還魂記》有藉靠神明解救死而復活，得以全家團圓。

　　3.《邯鄲記》《紫釵記》兩齣戲都有觸犯當權危機發生，而其結果劇中人物都遭不斷陷害，幸好有皇帝及俠士解

危。

4.危機解決方式並不是都化險為夷，也有悲慘結果如病重而死、遣返回鄉等，就總數量來分析仍是團圓脫險多於死亡別離，15 個危機，其中喜劇結果有 9 個，6 個為悲劇結果。

5.戲劇危機數量的安排，每一齣戲介於 3 至 5 個之間。

6.戲劇危機類別中除美色誘惑及丞相招婿外，其危機都會影響劇中人物的性命，其危機強度很高。

7.戲劇危機總共 15 個，其中有 9 個出現在戲的前半段，6 個出現在戲的後半段，顯見鋪排戲劇危機，除要及早出現外，也要考量平均，以持續增加戲劇張力。

8.戲劇危機的產生來自引發的戲劇衝突，也就是反面人物的對立情節線，以在異族作亂的部份為例，在《還魂記》來自杜太守與溜金王的衝突，因為溜金王想藉靠戰爭獲得財富，在《南柯記》來自南柯太守與檀蘿國四太子的衝突，因檀蘿國四太子想搶娶美色的公主，在《邯鄲記》來自盧生與悉那邏將軍衝突，因悉那邏將軍想藉靠戰爭獲得財富，在《紫釵記》來自李益與吐蕃衝突，因吐蕃也想藉靠戰爭獲得財富。再以觸犯當權為例，在《邯鄲記》盧生與丞相衝突，因為丞相想擴大權勢，盧生卻不願成為其門下，在《紫釵記》李益與盧太尉衝突，因為盧太尉想使李益成為其女婿。

9.分析戲劇危機模式，包含有下列四種模式：

（1）陰謀陷害模式：如《邯鄲記》中的盧生遭丞相陷害通敵。

（2）引發戰爭模式：如《還魂記》溜金王作亂、《南柯記》檀蘿國四太子作亂、《邯鄲記》吐蕃作亂、《紫釵記》吐蕃作亂。

（3）觸犯當權模式：如《邯鄲記》盧生得罪丞相、《紫釵記》李益得罪盧太尉。

（4）不可預期意外模式：如《還魂記》杜麗娘生病、柳夢梅落水、柳夢梅遭拷打、《南柯記》公主生病。

10. 出現最多戲劇危機類依序分別是異族作亂（4個）、難癒疾病（2個）、觸犯當權（2個），與作者湯顯祖的生活經驗有關，湯顯祖生存年代為明神宗時期萬曆十九年，全國大災荒，異族作亂邊防失守，而其辭官寫劇也是無法忍受當時宰相的亂政，加上其長子病死[1]，因此自然產生這些包含異族作亂、難癒疾病、觸犯當權等戲劇危機類別。

第二節 《玉茗堂四夢》大小收煞與戲劇危機關係

明傳奇戲劇結構中非常特別就是大小收煞的安排，王安祈教授在其《明代傳奇之劇場及其藝術》一書中提及「傳奇的作者在選取題材，架構故事時，總要安排劇中人歷經離

---

1 鄭培凱：《湯顯祖與晚明文化》（台北：允晨叢刊，1995 年），頁173。

合、嚐盡悲歡、曲折複雜以引人入勝，因此劇本篇幅勢必較長，齣數相對的多，才能容納複雜的故事內容，不少作者在編劇時，已考慮實際演出的問題，所以傳奇劇本都有上下兩卷，分兩天演完，上半部結束時叫小收煞，下半部團圓叫大收煞」，[2]為了製造戲劇的高潮，因此必需安排戲劇危機，以吸引觀眾持續觀賞的動機。

在《還魂記》的小收煞部份，全劇 55 齣，一半在 25 齣左右，再研究有戲劇高潮的部份推斷應為第 20 齣之鬧殤，本齣戲杜麗娘因病重而死，而要讓杜麗娘死亡必需預為安排戲劇危機，因此在第 16 齣之詰病，杜麗娘發生難癒疾病，觀眾因而會持續關注杜麗娘是否會痊癒？在《南柯記》的小收煞部份，全劇 43 齣，一半在 21 齣左右，再研究有戲劇高潮的部份推斷應為第 29 齣之圍釋，檀蘿國四太子圍城，為了製造圍城危機，因此在第 14 齣之伏戎，安排檀蘿國興兵作亂情節。在《邯鄲記》的小收煞部份，全劇 30 齣，一半在 15 齣左右，再研究有戲劇高潮的部份推斷應為第 16 齣之大捷，悉那邏將軍被殺吐蕃因而兵敗，為了製造衝突危機，在第 9 齣之虜動，安排吐蕃準備作亂情節。在《紫釵記》的小收煞部份，全劇 53 齣，一半在 26 齣左右，再研究有戲劇高潮的部份推斷應為第 29 齣之高宴飛書，李益以聯合大小河西兵力制服異族之亂的吐蕃，而在第 19 齣之節鎮登壇，吐蕃作亂劉公濟將軍就駐守邊關抵禦。

---

2 王安祈：《明代傳奇之劇場及其藝術》（台北：台灣學生書局，1986 年），頁 67。

在《還魂記》的大收煞部份，爲第 54 齣之聞喜，本齣戲杜麗娘告知父親原由，洗刷柳夢梅的罪名全家團圓，而其戲劇危機安排爲第 50 齣之鬧宴，柳夢梅遭岳父誤解爲偷其女兒屍體之兇手，遭受拷打並要處死。在《南柯記》的大收煞部份，爲第 44 齣之情盡，淳于棼與父親妻子在天庭重圓，而其戲劇危機安排爲第 35 齣之芳隕，公主病重而亡，淳于棼喪失妻子。在《邯鄲記》的大收煞部份，爲第 30 齣之之合仙，盧生與眾仙一同前往東華帝君處修行，而其戲劇危機安排爲第 28 齣之友嘆，盧生八十歲仍執迷功名追求人間富貴。在《紫釵記》的大收煞部份，第 52 齣之劍合釵圓，黃衫豪士解救李益，因此能與妻霍小玉團圓，而其戲劇危機安排爲第 37 齣之移參孟門，李益不願貴易妻拒絕爲婿，而遭盧太尉綁下，強迫成親。

因而由《玉茗堂四夢》大小收煞的推斷，安排戲劇危機爲製造戲劇高潮必要手段，因此必須安排戲劇衝突造成戲劇危機，否則戲劇的張力將大爲降低，因此更突顯戲劇危機的重要性，有關《玉茗堂四夢》大小收煞一覽表詳見附錄二。

第三節 《玉茗堂四夢》戲劇衝突與戲劇危機關係

姚師一葦在其《戲劇原理》一書，提及布魯尼提耶

（Ferdinard Brunetiere）戲劇衝突理論，戲劇為表現人的意志對某一目標的追求，而且此一追求的行為是自覺的，當意志遭到阻礙時變產生衝突，無論阻礙能否逾越，皆從而產生戲劇。[3]

《南柯記》的戲劇衝突以主要人物淳于棼為中心，分別與檀蘿國四太子、周弁將軍、大槐國公主衝突，而這些戲劇衝突進而引發戲劇危機：

一、在劇中第二十六齣啟寇中，檀蘿國四太子起兵要搶淳于棼之妻大槐國公主，因而引發衝突，而這個衝突引發大槐國公主要被搶走，淳于棼要失去妻子的戲劇危機：

（丑）自家檀蘿國四太子是也，小名檀郎，性格風灑，父王分下三千赤駮軍，鎮守全蘿西道，日昨喪了房下，急切要尋個填房，恰好一場天大姻緣，那大槐國金枝公主，嫁了南柯太守，隨夫之任，怕府裡地方躁熱，單築瑤台城一座在瀍江地方，與俺國相近，分明天賜我良緣，我待點精兵一千，打破瑤台城，搶了公主…。

二、周弁將軍因酗酒導致兵敗，淳于棼內心衝突，按軍令必須處死，但周弁將軍是其同鄉於是難以下手，因此不得不下獄等待國王的裁決，因而產生周弁將軍是否會被處死的戲劇危機，在劇中第三十一齣繫帥中，淳于棼作出痛苦的決定：

（生）周弁，你去時俺告訴你，酒要少吃，事要多知，

---

3 姚一葦：《戲劇原理》（台灣：書林出版公司，1992年），頁29。

你都不在意，一定要正軍法。

（周）從古來誰不飲酒，天若不愛酒，天應無酒星，地若不愛酒，地應無酒泉，天地都愛酒，俺飲酒是兵權，三國周公瑾關雲長都也貪杯，希罕于俺一人乎。

（生）……俺念你一是同鄉，二是同僚，停了軍法，且把你牢固監候，奏請定奪。

三、大槐國公主過世後，淳于棼無法克服情欲誘惑的內心衝突，卻背棄公主，與瓊英郡主、上真仙子喝酒做愛，完全不顧丈夫對妻子應有的忠貞，因而可能會發生大槐國王的震怒，淳于棼將會陷入被處罰的危機，在第三十八齣生恣中有清楚的描繪：

（生）醉矣。

（貼）早已安排紗廚枕帳。

（生）難道主人不陪。

（小旦）怕沒這樣的規矩。

（老）駙馬見愛，一同陪伴罷了。

《還魂記》的戲劇衝突，以兩位主要人物柳夢梅、杜麗娘及一位次要人物杜太守分別與其他人物或內心產生衝突，因而引發戲劇危機：

一、在柳夢梅方面，遇杜麗娘鬼魂，內心必陷於拯救鬼魂回生抑或逃避不理的內心衝突，但我們見到柳夢梅因真情積極不畏懼尋找石道姑的協助，讓杜麗娘回魂，在劇中第三十二齣冥誓中，柳夢梅從驚嚇中轉而真愛和協助：

（生）是麗娘小姐，我的人哪。

（旦）衙內，奴家還未是人。

（生）不是人是鬼。

（旦）是鬼也。

（生驚介）怕也。怕也。

……………………

（生）你是我妻，我也不怕了，難道便請起你來，怕似水中撈月，空裏拈花。

二、柳夢梅抵達京城已過考期，陷於是積極爭取或再等明年的內心衝突，我們見到柳夢梅成功的爭取考試機會，並考上狀元，在劇中第四十一齣耽試中，柳夢梅以必死的決心求得考試機會：

（生）告遺才的，望老大人收考。

（淨）哎呀。聖旨臨軒，翰林院封進，誰敢再收。

（生哭介）生員從嶺南萬里帶家口而來，無路可投，願觸金階而死。（生起觸階丑止介淨背云）這秀才像是柳生，真乃南海遺珠也。（回介）秀才上來，可有卷子。

（生）卷子備有。

（淨）這等姑准收考，一視同仁。

三、柳夢梅為其岳父誤認為掘墳賊而產生衝突時，柳夢梅無奈遭受岳父的拷打甚至被定死罪的戲劇危機，在第五十三齣硬拷中，有詳盡的描寫：

（外）他明明招了，叫令史取過一張堅厚官綿紙，寫下親供，犯人一名柳夢梅，開棺劫財者斬，寫完發與那死囚，於斬字下押個花字，會成一宗文卷，放在那裡（貼吏取供紙

上）秉爺定個斬字。（外寫介貼叫生押花字，生不伏介）

（外）你看這吃敲才。

……………

（外）這賊都說的是什麼話著鬼了，左右取桃條打他，長流水噴他。

（丑取桃條上）要的門無鬼，先教園有桃，桃條在此。

（外）高吊起打。（眾吊起生作打介）

四、在杜麗娘衝突方面，主要是內心的衝突，如何在聽從父母之命或滿足探索後花園之秘密中選擇呢？我們之後見到拋棄禮教觀念，追求浪漫幻想的杜麗娘，在第十齣驚夢中，追求情愛：

（旦）素昧平生，何因到此？

（生笑介）小姐，咱愛殺你哩。

（生）小姐，和你那答兒講話去。

（旦作含羞不行生作簽衣介旦低問介）那邊去。

五、在杜太守方面，與溜金王產生衝突，溜金王作亂想要進占中原，但杜太守抵禦平亂：

（淨）自家李全是也，身有萬夫不當之勇，南朝不用，去而爲盜，以五百人出沒江湖之間，正無歸著，所幸大金皇帝遙封我爲溜金王，央我騷擾淮揚。

《邯鄲記》的戲劇衝突以盧生爲中心，分別與宰相宇文融及吐蕃將軍悉那邏產生衝突，因而引發戲劇危機：

一、盧生驕傲得罪宇文融，與宇文融產生衝突，於是宇文融就不斷陷害，讓盧生不斷陷入危機之中，包含被貶官爲

陝州知府鑿石開河、抵禦吐蕃、被誣陷通番賣國要被處死：

（淨）好笑，好笑。世間乃有盧生，中了狀元，爲因不出我門下，談容高傲，我好趨奉他。他題詩第二句天子門生帶笑來，明說不是我家門生，這也罷了，第四句嫦娥不用老官媒，呵呵，有這般一個老官媒不用，待我想一計打發他，他如今新除，中了聖意，權待有破綻之時，尋個題目處置他。

二、盧生與吐蕃悉那邏丞相因戰爭而引發衝突，因而盧生陷於兵敗被殺死的危機，幸而運用挑撥離間之計陷害吐蕃悉那邏丞相成功：

（生引眾上）我盧生自陝州而來，因河西大將王君𪚟與吐蕃戰死，河隴動搖，朝廷震恐，命下官掛帥征西，兵法云臣主和，國不可攻，我欲遣一人往行離間，先除那悉那邏丞相，則龍蟒勢孤，不戰而下。

《紫釵記》的戲劇衝突以李益爲中心，分別與盧太尉與吐蕃產生衝突：

一、盧太尉不滿李益中狀元而不拜其門下因而產生衝突，於是遭盧太尉陷害而產生戲劇危機，被派去玉門關當參軍：

（盧）自家盧太尉，長隨玉輩，協理朝綱，聖駕洛陽開試，咱已號令中試士子都來咱府相見，昨日開榜，有個隴西李益中了狀元，細查門簿，並無此人姓名，書生狂妄如此，可惱可惱，咱有一計，昨日玉門關節度使劉公濟一本奏討參軍，我就點李益前去，永不還朝。

二、被前往邊關平亂的李益與前來侵略的吐蕃產生衝

突，於是陷入生命危險的危機之中，而其戲劇危機解決方式則是到第二十九齣高宴飛書李益以聯合大小河西制服吐蕃策略安排，終於在第三十齣河西款傲打敗吐蕃因而投降：

（生）老節鎮在上，河西貢獻不至，興兵主見不錯，但是四五月間晴雨不常，天氣未便，下官以筆墨從事，願草尺之書，先寒兩國之膽，更容下官分兵戍守回中受降城外，綴吐蕃之路，使他不敢空國而西，則酒泉不揭于唐，甘瓜復延于漢。

有關《玉茗堂四夢》戲劇衝突一覽表詳見附錄三。

藉由《玉茗堂四夢》戲劇衝突的分析，進一步來探討，可以發現其劇中人物間爲了某種原因或利益產生衝突，然後造成戲劇危機。

《還魂記》柳夢梅遇杜麗娘兩人的戀情發展，當柳夢梅知道杜麗娘爲鬼魂時，當然會害怕是否要救鬼魂，由於愛情的力量使其克服困難，讓杜麗娘能夠回魂化解戲劇危機；而柳夢梅與杜太守之間衝突卻因誤解產生，柳夢梅被誤爲偷其女兒屍體而被拷打且被判死刑，幸好復生的杜麗娘趕到解釋一切，才化解柳夢梅被處死的戲劇危機；杜太守與溜金王衝突因爲溜金王想要進占中原掠奪財富，杜太守最後給予溜金王財寶，化解戰爭可能帶來死傷，解除異族作亂的戲劇危機，不過《還魂記》也有一個戲劇危機不是因爲戲劇衝突而產生，是在第 16 齣之詰病，杜麗娘發生難癒疾病，因而產生戲劇危機，結果杜麗娘未能痊癒而過世。

《南柯記》淳于棼與因檀蘿國四太子想搶大槐國公主而

產生衝突，引發大槐國公主是否能獲救的戲劇危機，結果淳于棼及時趕到打敗檀蘿國四太子；淳于棼與周弃將軍衝突來自周弃因酗酒導致兵敗，而恰巧周弃又是同鄉，按軍令周弃應該處死，後來因淳于棼仁厚將周弃送交國王處置而化解危機；淳于棼與大槐國王衝突來自身為女婿的淳于棼竟在妻子死後濫交其他女子，讓大槐國王毫無顏面，最後大槐國王將淳于棼驅逐。

《邯鄲記》盧生因驕傲得罪丞相宇文融，因而產生衝突，宇文融就不斷陷害，盧生是否能化解的危機，結果盧生被貶官為陝州知府鑿石開河，盧生克服困難完成任務，之後又遭陷害去抵禦吐蕃，盧生與吐蕃悉那邏丞相因戰爭而引發衝突，盧生面臨戰爭可能會失去生命的危機，結果盧生運用謀略讓吐蕃王誤認悉那邏丞相謀反因而被處死，盧生順利贏得戰爭，但宇文融陷害盧生行動並未中止，又誣陷盧生通番賣國，幸運的吐蕃王王子出面作證化解危機，盧生返朝成為宰相。

《紫釵記》盧太尉不滿李益中狀元而不拜其門下因而產生衝突，結果李益遭陷害被派去邊關平亂，於是李益與前來侵略的吐蕃產生衝突，結果李益平亂成功，盧太尉又要求李益成為其女婿，為婚姻事又與盧太尉產生衝突，結果李益拒絕反遭軟禁，幸黃衫豪士解救李益，夫妻得以團圓。

因此由《玉茗堂四夢》來看戲劇衝突與戲劇危機的關係，除了《還魂記》杜麗娘發生難癒疾病產生戲劇危機，不是因為人物間發生衝突外，其餘都是戲劇人物為了自身利益而與另一位戲劇人物產生衝突，進而引發戲劇危機。

第四章 《玉茗堂四夢》戲劇危機與其他明傳奇戲劇危機之比較

第一節 《香囊記》、《義俠記》、《鳴鳳記》、《驚鴻記》戲劇危機分析

擴及明傳奇的其他劇本，研究分析其他明傳奇之戲劇危機的類別、戲劇危機的解決方式，與《玉茗堂四夢》有何異同？因此選擇四個劇本《香囊記》、《義俠記》、《鳴鳳記》、《驚鴻記》來加以比較。

一、《香囊記》：

（一）劇作家簡介：邵燦，字文明，宜興人，所作香囊記今存六十種曲中，關目頗多蹈襲琵琶拜月之處，徐渭在《南詞敘錄》中批評：「以時文爲南曲，元末明初未有也。其弊起於香囊記。邵文明習詩經專學杜詩，遂以二書語句勾入曲中，賓白亦是文語，又好用故事作對子，最爲害事。夫曲本於感發人心，歌之使孩童婦女皆喻，皆爲得體，經子之

誤，以之爲詩且不可，沒此等乎？直以才情欠少，未免湊補成篇，吾意與其文而誨遇芳俗而鄙之易嘆也。」[1]

（二）故事大綱：《香囊記》是敘述張氏兄弟張九成、張九思在母親的逼迫下，同時進京趕考，只留張九成新婚妻子邵貞娘照顧老母，考試結果，張九成中狀元，弟張九思中探花，但因張九成中試之策有貶秦丞相之言論，而被秦丞相設計調往邊疆監軍，其弟則回鄉奉養娘親。戰爭慘烈，屍骸滿地，一受傷之逃兵在戰場拾得香囊，原欲借此換錢返鄉，在途中遇邵貞娘識出此囊，於是誤以爲其丈夫戰死殺場，爲求證此事，張九思決定前往邊關打探，此時張九成再被陷害，派往契丹探視淵聖二帝，卻遭契丹拘禁，多年後乘機潛回。戰事未平，家鄉的母親及妻子也必需逃難，途中遇盜匪而失散，母幸好在驛站遇張九思而得救，邵貞娘則爲過去家中的僕人所救。分離多年後，富豪趙舍人託媒婆欲娶邵貞娘，雖被拒仍強行留下香囊爲聘，邵貞娘決定告官，在官府因香囊而與丈夫相見，張九成派人尋其母及其弟，一家人終得團圓。

（三）情節大綱：

第一齣　家門　故事大綱

第二齣　慶壽　張九成新娶邵貞娘與其弟張九思爲母親慶壽。

第三齣　講學　張九成與朋友研究經文。

第四齣　逼試　母親逼兒子進京趕考，孝親之事交由邵貞娘。

---

1 孟瑤：《中國戲曲史》第一冊（台北：傳記文學出版社，1979年），頁 260。

第五齣　啓程　兄弟辭別母親。

第六齣　途敍　中途遇友一起進京考試。

第七齣　題詩　呂洞賓酒館喝酒寫詩。

第八齣　投宿　張氏兄弟在酒館吟詩喝酒。

第九齣　憶子　母親想念兒子爲何無音信。

第十齣　瓊林　張氏兄弟分中狀元及探花。

第十一齣　看策　張九成廷試三策得罪秦丞相，於是遭陷。

第十二齣　分歧　張九成與弟別離，前往邊疆監軍。

第十三齣　供姑　飢荒鄰居王婆婆接濟。

第十四齣　點將　岳飛校閱軍隊。

第十五齣　起兵　兀朮起兵作亂。

第十六齣　榮歸　張九思返家與母見面。

第十七齣　拾囊　岳飛麾下受傷逃兵拾得香囊。

第十八齣　受詔　皇帝詔令張九成有功晉升。

第十九齣　聞訃　逃兵賣香囊，其母誤認以爲其子已死。

第二十齣　敗兀　兀朮兵敗逃亡。

二十一齣　尋兄　張九思爲解傳言，決定前去邊疆尋找其兄。

二十二齣　繫虜　張九成再遭陷害，被派往契丹探視淵聖二帝。

二十三齣　問卜　邵貞娘卜卦，詢問婆婆病情及丈夫和小叔命運。

二十四齣　設祭　張九思在戰場祭拜其兄。

二十五齣　辭婚　契丹公主欲嫁張九成，張九成以君恩妻義婉拒。

二十六齣　義釋　兵亂婆媳逃難，遇宋江救助。

二十七齣　趕散　婆媳因戰亂而走散。

二十八齣　寄書　張九成託人帶回家書。

二十九齣　郵亭　張母借住驛站，張九思亦抵驛站，母子相逢。

第三十齣　避難　邵貞娘避難住進過去張家奴僕家中。

三十一齣　潛回　張九成準備潛回。

三十二齣　媾媒　趙舍人欲娶邵貞娘，但爲邵貞娘所拒。

三十三齣　說親　媒婆前來說親。

三十四齣　賞雪　母親賞雪想子。

三十五齣　南歸　張九成拿別人符節，逃出契丹。

三十六齣　強婚　趙舍人欲強行娶妻，留香囊爲聘。

三十七齣　得書　張母獲得其子家書。

三十八齣　治吏　張九成教訓貪官污吏。

三十九齣　祈禱　邵貞娘與張九成均至廟中祈禱希望家人平安。

第四十齣　相會　邵貞娘告趙舍人搶婚，見香囊夫妻相認。

四十一齣　酬恩　張氏兄弟感謝周老姥、王鄰母等恩人。

四十二齣　群封　忠臣孝子、節婦義夫全家受封。

（四）戲劇危機發生原因及解決方式：

1.觸犯當權：張九成因廷試三策得罪秦丞相，被陷害前往邊疆監軍，之後雖因有功晉升，但秦丞相卻持續陷害，讓張九成出使敵國卻遭拘禁。

2.丞相招婿：契丹公主欲嫁張九成，但張九成以君恩妻義婉拒契丹丞相，最後張九成拿別人符節，逃出契丹。

3.異族作亂：兀沭起兵作亂，不但張九成冒生命危險抵禦敵人，同時其妻及母親也因戰亂奔逃而失散。

4.美色遭害：張九成長期離家其妻邵貞娘美麗，因而趙舍人欲強行娶妻，幸張九成返回救回妻子。

二、《義俠記》：

（一）劇作家簡介：沈璟，字伯英，號寧庵，又號詞隱生，江蘇吳江人，萬曆甲戌進士，任兵部主事。所編《南九宮譜》，爲作曲金科玉律，對當時影響很大，成爲格律派宗匠，所作詞曲甚豐，有《埋劍》、《十孝》等十七記。[2]

（二）故事大綱：武松慕義宋江，要去投靠他，順路到陽穀縣去看他的哥哥武大郎，晚上過景陽崗，殺了一頭白額吊睛虎，因武勇做了陽穀縣的都頭。武大郎妻潘金蓮美而淫，情挑武松，不爲所動，後武松因公事去了東京，潘金蓮因而與西門慶私通，藥殺武大郎，武松回來查得真情，殺了潘金蓮和西門慶；自首，被判流配孟州。武松在清河故鄉有未婚妻賈氏，因被洗劫，和母親改裝道姑，來尋武松，誤投張青黑店，張青得知她是武松妻，因路途不太平，把她安置在清真觀。武松到了孟州，和管營之子施恩結義，爲施恩打敗蔣門神，奪回酒店，再被補改配恩州；武松半途折回，盡殺主審官員而逃，因張青得遇妻子岳母，最後在梁山泊完婚，而宋室亦招安宋江等。[3]

（三）情節大綱：

第一齣　家門　末講述全劇大綱。

---

2 孟瑤：《中國戲曲史》第一冊（台北：傳記文學出版社，1979年），頁300。

3 黃麗貞：《南劇六十種曲研究》（台北：台灣商務印書館，1972年），頁34。

第二齣　遊京　武松決定投奔宋公明。

第三齣　訓女　賈婦與其女兒談下嫁武松之事。

第四齣　除兇　武松於景陽崗打死老虎。

第五齣　誨淫　武大郎娶潘金蓮爲妻，但潘金蓮水性楊花。

第六齣　旌勇　武松因打死老虎受封士兵都頭。

第七齣　設伏　西門慶要求王婆作媒。

第八齣　叱邪　潘金蓮色誘武松，武松喝斥。

第九齣　孝貞　趙媒婆勸賈婦將女兒改嫁張百萬之子，賈婦
　　　　　　　　拒之。

第十齣　委囑　武松因事往京城告別其兄，武大郎擔心死期
　　　　　　　　將至。

第十一齣　遭難　柴進因與梁山泊山賊聯絡而被縛。

第十二齣　萌奸　西門慶喜見潘金蓮，央求王婆從中牽線。

第十三齣　奇功　宋江劫囚將柴進救出。

第十四齣　巧媾　西門慶與潘金蓮兩人在王婆家幽會。

第十五齣　被盜　賈氏母女家當被偷，扮成道姑尋找武松。

第十六齣　中傷　武大郎捉奸，反被毒死。

第十七齣　悼亡　武松追悼其兄，並查出眞兇爲西門慶。

第十八齣　雪恨　武松殺其嫂，再殺奸夫。

第十九齣　薄罰　縣官將武松杖脊四十大板，發配孟州牢城。

第二十齣　止觀　賈氏母女至清眞觀打聽武松訊息。

二十一齣　論交　宋江、柴進、林沖等英雄好漢聚會。

二十二齣　失霸　蔣門神鬧店，毆打施恩並強霸其店。

二十三齣　釋義　武松遇母夜叉，得知賈氏母女消息。

二十四齣　締盟　施恩告知武松遭蔣門神欺負，武松將為其
　　　　　　　　復仇。
二十五齣　取威　武松教訓蔣門神。
二十六齣　再創　母夜叉再度教訓蔣門神。
二十七齣　秘計　蔣門神求助張團練，請其協助復仇。
二十八齣　厚誣　張團練設計假意奉承武松，暗藏金銀酒器
　　　　　　　　於其箱底，然後派人喊捉賊，使武松百口
　　　　　　　　莫辯。
二十九齣　全軀　蔣門神再度毆打施恩並奪其店。
第三十齣　報怨　武松殺蔣門神及張團練復仇。
三十一齣　解夢　道姑析夢，告知賈氏母女將有喜訊。
三十二齣　挂羅　武松遭張青兄弟逮捕。
三十三齣　征途　武松與賈氏母女相見。
三十四齣　振旅　宋江都軍操練。
三十五齣　廷議　皇帝決定派陳元善太尉招降。
三十六齣　恩榮　武松夫妻完婚，皇帝赦免罪行。

　　（四）戲劇危機發生原因及解決方式：

　　1.陰謀設陷：西門慶與潘金蓮兩人在王婆家幽會並施毒計，結果武大郎捉奸反被毒死。而之後武松也遭陰謀設陷，張團練設計假意奉承武松，暗藏金銀酒器於其箱底，然後派人喊捉賊，使武松百口莫辯，結果武松殺張團練復仇。

　　2.鬼魂復仇：武松追悼其兄睡夢中其兄扮鬼出現告知死狀悽慘，於是武松殺其嫂潘金蓮，再殺奸夫西門慶。

　　3.惡霸欺良：蔣門神鬧店，毆打武松朋友施恩並強霸其

店，於是武松教訓蔣門神。

三、《鳴鳳記》：

（一）劇作家簡介：王世貞，字元美號鳳洲，又號瀇州山人，太倉人，年十九舉進士，官至刑部尚書。詩文最有名。與李攀龍、謝榛、宗臣、梁有譽、徐中行、吳國倫稱嘉靖七子。[4]

（二）故事大綱：全劇敘述嚴嵩父子及其狐群狗黨趙文華、鄢茂卿等人陷害忠良夏言，楊繼盛上諫皇帝反被誅，忠臣董傳策、張鶴樓、吳悍齋再諫亦被流放邊疆，郭希顏無懼再諫被賜死。倭寇作亂，奸臣趙文華受命剿平，但其膽小畏懼只殺自己百姓充當倭寇，還求功領賞，罪大惡極，最後經鄒應龍、孫丕揚等人的努力，皇帝罷黜嚴嵩，狐群狗黨趙文華、鄢茂卿等人亦惡有惡報。

（三）情節大綱：

第一齣　家門大意　本劇故事大綱。

第二齣　鄒林遊學　鄒應龍、林潤前去報國寺向郭希顏研學。

第三齣　夏公命將　韃虜為患，大學士夏言欲收復失土。

第四齣　嚴嵩慶壽　趙文華、鄢懋卿等人為嚴嵩慶祝生日。

第五齣　忠佞異議　楊繼盛告仇鸞總兵私吞軍費。

第六齣　兩相爭朝　嚴嵩與夏言為主戰與主和發生爭論。

第七齣　嚴通宦官　嚴嵩買通宦官向皇上進讒言陷害夏言。

第八齣　仙遊祈夢　金甲神告知孫丕揚、鄒應龍、林潤將會為官。

---

4 孟瑤：《中國戲曲史》第一冊（台北：傳記文學出版社，1979年），頁264。

第九齣　　兩臣哭夏　眾人哀傷夏言遭陷害而死。

第十齣　　流徙分途　夏言家眷逃難。

第十一齣　驛裏相逢　楊繼盛協助夏言家眷逃亡。

第十二齣　桑林奇遇　鄒應龍將夏言家眷搭救回家。

第十三齣　花樓春宴　趙文華、鄢懋卿等人縱情享樂。

第十四齣　燈前修本　楊繼盛上諫雖以被拔去指甲，仍然寫
　　　　　　　　　　奏本。

第十五齣　楊公剋奸　楊繼盛再上奏本卻被錦衣衛拷打下獄。

第十六齣　夫婦死節　楊繼盛被處死，其妻再諫後自刎而死。

第十七齣　島夷入寇　倭寇作亂。

第十八齣　林公避兵　林潤為避倭寇只得逃難。

第十九齣　鄒慰夏孤　鄒應龍安排夏言家眷避難。

第二十齣　端陽遊賞　嚴嵩端陽出遊，完全不顧倭寇作亂。

二十一齣　文華祭海　趙文華奉命平倭寇之亂，他不與倭寇
　　　　　　　　　　作戰，祭海後殺自己百姓充當倭寇，
　　　　　　　　　　向朝廷領賞。

二十二齣　鄒林會試　鄒應龍與林潤準備赴試。

二十三齣　拜謁忠靈　鄒應龍與林潤已考上進士祭拜夏言及
　　　　　　　　　　楊繼盛靈位。

二十四齣　世蕃奸計　鄒應龍與林潤未拜謁嚴嵩，於是嚴嵩
　　　　　　　　　　決定將其派往邊疆為官，並乘機陷
　　　　　　　　　　害。

二十五齣　南北分別　鄒應龍與林潤被分別派往邊疆為官。

二十六齣　兩妻思望　鄒應龍與林潤的妻子思念丈夫。

二十七齣	幼海議本	董傳策、張鶴樓、吳悍齋聯名奏諫嚴嵩。
二十八齣	吳公議親	吳悍齋向其母告知諫言事，可能有殺身之禍。
二十九齣	鶴樓赴義	張鶴樓向妻子、兒子話別。
第三十齣	三臣摘戌	三人被發配邊疆。
三十一齣	陸姑救易	嚴嵩欲陷害易弘器，但陸氏決定救之。
三十二齣	易生避難	易弘器躲在郭希顏家中。
三十三齣	鄔趙爭寵	趙文華、鄔戀卿兩人爭寵。
三十四齣	忠良會邊	忠臣在邊疆會合。
三十五齣	秋夜女工	鄒應龍與林潤的妻子談及嚴嵩將亡。
三十六齣	鄒孫淮奏	趙文華夜飲歸家遇英靈而暴死。
三十七齣	雪裏歸舟	嚴嵩遭罷黜，遭人冷嘲熱諷。
三十八齣	林遇夏舟	眾義士再相聚。
三十九齣	林公理冤	林潤處理許多冤案。
第四十齣	獻首祭告	嚴世蕃被斬，以祭忠靈。
四十一齣	封贈忠臣	忠臣均追贈受封。

（四）戲劇危機發生原因及解決方式：

1.陰謀設陷：嚴嵩買通宦官向皇上進讒言陷害夏言，結果夏言遭陷害而死。

2.觸犯當權：楊繼盛上諫卻被錦衣衛拷打下獄被處死，其妻再諫後自刎而死。而董傳策等人再諫，董傳策等被處死，吳悍齋及張鶴樓再諫，吳悍齋及張鶴樓發配邊疆。易弘器拒絕與嚴嵩結黨，嚴嵩欲陷害易弘器，幸好為陸氏解救。

四、《驚鴻記》：

（一）劇作家簡介：吳世美，呂天成《曲品》卷上云：「吳世美淑華，烏程人。」「吳淑華逸藻出於世家。」卷下又記云：「吳淑華，所著傳奇一種。驚鴻，楊、梅二妃相妒，事佳，詞亦秀麗。第以國忠相而後進太真，於事覺顛倒耳。」，然《曲品》成書百年後，《長生殿》作者洪昇的好友徐麟卻說，「驚鴻不知何人所作」，今天看來，對驚鴻記的作者問題確有進一步討論之必要。

（二）故事大綱：全劇敘述梅妃原受唐明皇喜愛，卻因漢王設計陷害，讓楊貴妃誘惑唐明皇，並毀謗梅妃與太子私通，因此唐明皇決定廢太子及殺梅妃，後因宋王向皇上力諫，因而將梅妃改判打入冷宮，太子廢爲庶人。五年後高力士拜訪梅妃表達明皇關懷之意，並將罪過推向貴妃，梅妃作「樓東賦」請其代轉明皇，明皇密令高力士將梅妃送至翠華西閣與其相會，但貴妃卻強行闖入破壞其見面，於是梅妃只得再返回樓東，安祿山父子起兵叛變，哥舒翰與封常清禦敵皆兵敗，唐明皇在楊國忠建議下逃亡至蜀地，但護衛軍隊卻殺楊國忠，並要求割恩正法，楊貴妃只得在佛堂梨樹下自盡；梅妃本想投井而死，後想或有團圓機會，於是投身尼姑庵，安史之亂後，唐明皇至玄都觀拜神自責卻巧遇梅妃，兩人團圓，唐明皇依然思念貴妃，於是道士招魂楊貴妃再現，三人相見得知前世均爲仙人，貴妃乃太一玉妃、明皇爲孔昇真人、梅妃爲王母侍女。

（三）情節大綱：

第一齣　本傳提綱　故事大綱。

第二齣　梅亭私誓　梅妃與唐明皇共遊梅亭賞花。

第三齣　相府稱殤　楊國忠丞相慶壽，眾臣來賀。

第四齣　幽賞伏讒　皇太子誤闖梅妃宮中，為唐明皇發現，命其回宮。

第五齣　君臣宴樂　各地送貢梅，梅妃與皇帝共賞梅景。

第六齣　壽邸恩情　楊玉環與壽王情深意濃。

第七齣　花萼驚鴻　唐明皇在花萼樓欣賞梅妃之驚鴻舞，而漢王乘機調戲梅妃。

第八齣　詭計陷梅　漢王決定設計讓楊貴妃誘惑唐明皇，並毀謗梅妃與太子私通，好讓唐明皇廢太子及殺梅妃。

第九齣　楊妃入宮　漢王向唐明皇認罪，同時推薦楊貴妃讓唐明皇認識。

第十齣　兩妃爭寵　楊貴妃與梅妃見面，梅妃對貴妃之美言覺得是嘲諷。

第十一齣　權奸獻諛　安祿山阿諛奉承送助情花給唐明皇，以便其寵幸妃子時助興。

第十二齣　興慶晝娛　唐明皇與楊貴妃如膠如漆，聽信貴妃謠言誤以為梅妃與太子私通，因而要廢太子及殺梅妃。

第十三齣　梅妃被貶　梅妃及太子要被處死，宋王向皇上力諫，因而改判打入冷宮，太子廢為庶人。

第十四齣　梨園演樂　高力士爲明皇與貴妃在興池賞牡丹，
　　　　　　　　　　　邀集三百位樂工進行排練。
第十五齣　學士醉揮　李白在興池寫詩，描繪明皇與貴妃的
　　　　　　　　　　　愛情。
第十六齣　梅妃宮怨　梅妃獨居冷宮長夜獨眠，情怨未了。
第十七齣　洗兒賜錢　貴妃賜錢安祿山勉其盡忠報國，但安
　　　　　　　　　　　祿山卻與李白爭執誰對朝廷貢獻最
　　　　　　　　　　　大。
第十八齣　花萼霓桑　明皇與貴妃在花萼樓飲宴，貴妃跳舞曲。
第十九齣　梅妃遺賦　高力士拜訪梅妃表達明皇關懷之意，
　　　　　　　　　　　並將罪過推向貴妃，梅妃作「樓東
　　　　　　　　　　　賦」請其代轉明皇，以表達內心之心
　　　　　　　　　　　境。
第二十齣　楊妃曉妝　明皇密令高力士將梅妃送至翠華西閣
　　　　　　　　　　　供其寵幸，同時贈七寶金釵給楊貴
　　　　　　　　　　　妃。
二十一齣　翠閣好會　明皇與梅妃密會翠華西閣但貴妃卻強
　　　　　　　　　　　行闖入，並發現有女人的飾物及鞋
　　　　　　　　　　　子，梅妃匆匆返回樓東，明皇贈珍
　　　　　　　　　　　珠，但遭其退回。
二十二齣　祿山辭朝　太子與楊國忠奏安祿山必反，但安祿
　　　　　　　　　　　山卻返朝以證明其清白，貴妃賜其白
　　　　　　　　　　　玉環。
二十三齣　七夕私盟　兩年後梅妃再見驛使只送荔枝，而明

		皇與貴妃在七夕私誓終生相愛，恰似牛郎與織女。
二十四齣	祿山叛逆	安祿山父子起兵叛變，哥舒翰與封常清禦敵皆兵敗。
二十五齣	大駕幸蜀	安祿山叛變，唐明皇在楊國忠建議下逃至蜀地。
二十六齣	胡燕長安	安祿山自稱大燕皇帝，但顏皋卿及樂工雷海青卻痛責其忘君卻被殺，取義成仁。
二十七齣	馬鬼殺妃	護衛軍隊殺楊國忠，並要求割恩正法，楊貴妃只得在佛堂梨樹下自盡。
二十八齣	梅妃投庵	梅妃本想投井而死，後想或有團圓機會，於是投身尼姑庵，改名吳二娘。
二十九齣	父老遮留	郭從謹諫言明皇，於是明皇傳位太子。
第三十齣	諸臣追駕	杜甫與李白聞訊明皇幸蜀於是追駕，但途中卻被綁下，幸好遇顏真卿將軍而被釋放。
三十一齣	蜀道思妃	唐明皇在扶風郡思念楊貴妃。
三十二齣	靈武破賊	張巡、許遠守城抗敵，但因糧盡力竭，兵敗被俘，後郭子儀將叛降史思明捉住斬首。
三十三齣	大駕還宮	唐明皇返回長安。
三十四齣	南內思妃	唐明皇思念梅妃及貴妃。
三十五齣	馬鬼移葬	高力士返回馬鬼驛移葬貴妃，同時取

　　　　　　　　　出錦香囊給唐明皇。

三十六齣　　入觀遇梅　唐明皇至玄都觀拜神自責卻巧遇梅
妃。

三十七齣　香囊起悼　錦香囊轉交唐明皇，明皇哀傷不已。

三十八齣　仙客蜀來　道士將貴妃書信送來並以金釵爲証。

三十九齣　幽明大會　道士招魂楊貴妃再現，三人相見得知
　　　　　　　　　　　前世均爲仙人，貴妃乃太一玉妃、明
　　　　　　　　　　　皇爲孔昇真人、梅妃爲王母侍女。

　　（四）戲劇危機發生原因及解決方式：

　　　1.陰謀設陷：漢王決定設計讓楊貴妃誘惑唐明皇，並毀
謗梅妃與太子私通，好讓唐明皇廢太子及殺梅妃，結果唐明
皇誤信楊貴妃讒言，梅妃被打入冷宮，太子被廢爲庶人。

　　　2.部將叛變：安祿山叛變自稱大燕皇帝攻入京城，唐明
皇逃往蜀地，而護衛軍隊殺楊國忠，並要求割恩正法，唐明
皇只得讓楊貴妃佛堂梨樹下自盡。最後由郭子儀完成平亂工
作。

第二節　《香囊記》、《義俠記》、《鳴鳳記》、《驚鴻記》戲劇危機《玉茗堂四夢》戲劇危機之比較

　　《香囊記》、《義俠記》、《鳴鳳記》、《驚鴻記》四
齣戲的戲劇危機類別，計有觸犯當權、丞相招婿、異族作

亂、美色遭害、陰謀設陷、鬼魂復仇、惡霸欺良、部將叛變等，總數量為 15 個。有關戲劇危機一覽表詳見附錄四。

加以歸納分析有下述幾個特點：

1.在每一齣戲都出現陰謀設陷的危機，在《香囊記》中張九成再遭秦丞相陷害，在《義俠記》中張團練設計栽贓武松，在《鳴鳳記》中嚴嵩陷害夏言，在《驚鴻記》中漢王設下毀謗梅妃與太子私通好讓唐明皇廢太子及殺梅妃毒計，而這些陰謀均讓劇中人物受到嚴重的傷害，結果《香囊記》中張九成出使敵國遭拘禁，《義俠記》中武松被捕百口莫辯，《鳴鳳記》中忠臣夏言被處死，《驚鴻記》中梅妃被打入冷宮，太子被廢為庶人。

2.《鳴鳳記》全齣的戲劇危機幾乎都運用觸犯當權模式，包含讓楊繼盛、董傳策、吳惺齋及張鶴樓不斷上諫，其結果不是被處死就是流放邊疆。

3.危機解決方式有喜有悲，就總數量來分析是死亡別離多於團圓脫險，15 個危機中，其中喜劇結果有 5 個，10 個為悲劇結果。

5.戲劇危機數量，每一齣戲介於 2 至 5 個之間。

6.戲劇危機類別中除丞相招婿及惡霸欺良外，其危機都會影響劇中人物的性命，其危機強度很高。

7.戲劇危機總共 15 個，其中有 7 個出現在戲的前半段，8 個出現在戲的後半段，戲劇危機安排相當平均。

8.出現最多戲劇危機類依序分別是陰謀設陷（5 個）、觸犯當權（5 個），其他丞相招婿、美色遭害、鬼魂復仇、

惡霸欺良、部將叛變各有 1 個。

　　9.藉靠戲劇危機的產生也引發戲劇的衝突，也就是反面人物的對立情節線，以在陰謀設陷的部份為例，在《香囊記》造成張九成與秦丞相衝突，因為秦丞相要維持其權勢顏面，在《義俠記》武松與西門慶和潘金蓮的衝突，由於西門慶和潘金蓮毒害其兄武大郎，在《鳴鳳記》夏言與嚴嵩衝突，因為奸臣嚴嵩陷害忠良，在《驚鴻記》楊貴妃與梅妃衝突，因為兩人要爭奪愛情及權位。

　　10.分析戲劇危機模式，包含有下列四種模式：

　　（1）陰謀陷害模式：如《香囊記》張九成遭秦丞相陷害出使敵國、《義俠記》西門慶與潘金蓮兩人施毒計害死武大郎、張團練暗藏金銀酒器於武松處栽贓武松、《鳴鳳記》奸臣嚴嵩陷害忠臣夏言、《驚鴻記》漢王設計毀謗梅妃與太子私通，好讓唐明皇廢太子及殺梅妃。

　　（2）引發戰爭模式：如《驚鴻記》安祿山叛變自稱大燕皇帝攻入京城。

　　（3）觸犯當權模式：如《香囊記》張九成得罪秦丞相被派往邊疆、《香囊記》丞相招婿欲將契丹公主嫁張九成《鳴鳳記》楊繼盛等忠臣上諫被害。

　　（4）不可預期意外模式：如《香囊記》趙舍人欲強行娶張九成妻、《義俠記》蔣門神鬧店毆打施恩並強霸其店。

　　如果將《玉茗堂四夢》戲劇危機與《香囊記》、《義俠記》、《鳴鳳記》、《驚鴻記》戲劇危機加以比較，可以歸納出下列特點：

1.在戲劇危機類別方面，幾乎有一半相同，包含有陰謀設陷、丞相招婿、異族作亂、觸犯當權，不同有在《玉茗堂四夢》是難癒疾病、生死抉擇、搭船落水、喝酒誤事、誤解冤屈，而在四齣傳奇有美色遭害、鬼魂復仇、惡霸欺良、部將叛變。

2.危機解決方式並不是都化險爲夷，兩者是相同的，在《玉茗堂四夢》方面，有悲慘結果如病重而死、遣返回鄉等，總數量有 15 個危機，其中喜劇結果有 9 個，6 個爲悲劇結果。而在四齣傳奇有 15 個危機，其中喜劇結果有 5 個，10 個爲悲劇結果。相較之下，四齣傳奇的悲劇結果較多，多出 4 個。

3.每齣戲安排戲劇危機數量，《玉茗堂四夢》每一齣戲介於 3 至 5 個之間，四齣傳奇則在 2 至 5 個之間，兩者差距不大。

4.在戲劇危機強度方面，《玉茗堂四夢》戲劇危機類別中除美色誘惑及丞相招婿外，其危機都會影響劇中人物的性命，其危機強度很高；四齣傳奇方面，戲劇危機類別中除丞相招婿外，其他的危機都會影響劇中人物的性命，其危機強度很高，兩者是相同的。

5.在戲劇危機出現時機安排方面，《玉茗堂四夢》總共 15 個，其中有 9 個出現在戲的前半段，四齣傳奇方面，戲劇危機總共 15 個，其中有 7 個出現在戲的前半段，8 個出現在戲的後半部，其鋪排戲劇危機時機略有不同。

6.在戲劇衝突與戲劇危機關係方面，《玉茗堂四夢》藉

靠戲劇的衝突產生也引發戲劇的危機，以在異族作亂的部份為例，在《還魂記》造成杜太守與溜金王的衝突，引發異族作亂的危機，在《南柯記》南柯太守與檀蘿國四太子的衝突，引發戰爭的危機，在《邯鄲記》盧生與悉那邏將軍衝突，也引發戰爭的危機，在《紫釵記》李益與吐蕃衝突，同樣的引發戰爭的危機。在四齣傳奇方面，以陰謀設陷部份為例，在《香囊記》張九成與秦丞相衝突，引發張九成被陷害危機，在《義俠記》武松與西門慶和潘金蓮的衝突，引發復仇戲劇危機，在《鳴鳳記》夏言與嚴嵩衝突，引發忠良被陷害的危機，在《驚鴻記》楊貴妃與梅妃衝突，引發梅妃被陷害危機。因此由兩者比較，可以發現戲劇衝突與戲劇危機有密切的關係。

第三節 《玉茗堂四夢》戲劇危機與 《汲古閣六十種曲》戲劇危機比較

　　擴及明傳奇的其他劇本，研究分析其他明傳奇之戲劇危機的類別、戲劇危機的解決方式，是否與《玉茗堂四夢》是否一致？以《汲古閣六十種曲》劇本來分析明傳奇戲劇危機運用的模式可分為下列幾項：

一、陰謀陷害模式：

　　1.寫假休書：如孫汝權寫假休書給錢玉蓮（荊釵記）、

金大員外取得王魁家書將其改爲休書（焚香記）

2.鬼怪殺害：如李三娘兄陷害劉知遠讓其看瓜田好讓瓜精殺之（白兔記）

3.逼迫勞動：如李三娘兄陷害李三娘讓其過度勞動而死（白兔記）

4.謀殺害死：如李三娘兄嫂陰謀將李三娘新生兒丟入荷花池害死（白兔記）、孫華派僕人謀殺孫榮（殺狗記）、項羽設宴欲殺劉備（千金記）、秦檜受賄加害岳飛（精忠記）、嚴嵩陷害夏言（鳴鳳記）、屠岸賈派刺客謀殺（八義記）、屠岸賈藉獒犬攻擊（八義記）、屠岸賈屠殺趙家全家（八義記）、屠岸賈殺趙家嬰兒（八義記）

5.假言謀害：如陀滿海牙遭聶賈列假言說其背叛之心全家遭殺（幽閨記）、登徒子在楚王前講宋玉壞話陷害（春蕪記）、高力士及貴妃聯手陷害李白說其協助永王叛亂（彩毫記）、灑銀公子密告李玉郎父其子與妓女來往（霞箋記）、池相國公子以斷髮空書交于叔夜讓誤爲穆麗華斷絕來往（西樓記）、元載遭魚朝恩陷害說其欺君誤國舞弊營私（龍膏記）

6.挑撥是非：如惡人計騙孫華說其弟要謀害（殺狗記）、田單用反間計挑撥樂毅與燕王（灌園記）

7.陷害取財：如惡人遺棄孫華於雪地奪其財富（殺狗記）

8.嫁禍他人：如孫華遇見家門屍體（殺狗記）、周羽遭害爲殺人犯（尋親記）、張團練設計假意奉承武松，暗藏金

銀酒器於其箱底，然後派人喊捉賊（義俠記）

9.威脅陷害：如惡人告官其兄弟殺人（殺狗記）

10.美色遭害：如郭氏美色遭惡人染指（尋親記）、王公子爲得陳嬌蓮設計捉陳嬌蓮（玉簪記）、伯顏丞相喜愛麗容，其夫人擔心失寵於是害之（霞箋記）、池相國公子毒打穆麗華希望嫁給他（西樓記）、李克成營長貪圖王楫妻之美色意圖陷害（雙珠記）

二、引發戰爭模式：

1.異族作亂：如大金溜金王作亂（還魂記）、檀蘿國作亂（南柯記）、吐蕃作亂（邯鄲記）、吐蕃作亂（紫釵記）、大金丞相幹離不作亂攻宋（紅梨記）

2.部將叛變：如蘇林老將叛變（白兔記）、王敦叛亂（玉鏡記）、安祿山叛亂（彩毫記）、平盧節度使朱克融起兵作亂（青衫記）

3.國家戰爭：如吳國及越國作戰（浣紗記）、楚漢戰爭（千金記）、燕國攻打齊國（灌園記）

三、觸犯當權模式分析：

1.高傲得罪：如盧生言語高傲得罪丞相（邯鄲記）

2.未入門派：如李益未加入盧太尉門派（紫釵記）、易弘器拒絕結黨（鳴鳳記）

3.廷策詆毀：如張九成廷策詆毀秦丞相（香囊記）、蘇東坡以詩毀謗（金蓮記）

4.諫言不當：如伍子胥諫言夫差小心越國（浣紗記）、楊繼盛諫言皇帝誤用奸臣（鳴鳳記）、裴炎力諫武后不可建

廟（節俠記）

四、不可預期意外模式分析：

1.財寶遺失：商人遺失銀袋（三元記）

2.鬼怪攻擊：巨蟒、猛虎、鬼兵攻擊（曇花記）

3.暴力搶親：搶娶新娘（西廂記）

至於戲劇危機解決方式，則或悲或喜，依人物性格及其命運做不同結果的處理：

1.犧牲生命：伍子胥諫言皇帝卻被處死（浣紗記）、秦檜陷害岳飛風波亭處死（精忠記）、夏言遭嚴嵩陷害被處死（鳴鳳記）、與奸臣嚴嵩不和楊繼盛處死，其妻再諫後自刎而死（鳴鳳記）、屠岸賈屠殺趙氏家族三百餘口（八義記）、屠岸賈欲殺趙氏孤兒於是程嬰捐出自己兒子公孫杵臼捐出性命救趙氏孤兒（八義記）、聶賈列殺死陀滿海牙（幽閨記）、衛三台陷害兵部尚書談侃抄其全家（贈書記）、西門慶喜見潘金蓮，央求王婆從中牽線，武大郎捉奸，反被毒死（義俠記）、裴由先與伯父裴炎擔心太后亂政，殘害忠良，裴炎力諫不可建廟，反被太后處斬。（節俠記）

2.逃難失散：蔣世隆與瑞蓮兄妹因戰亂逃難失散（幽閨記）

3.逃難避居：兀沭作亂陳嬌蓮逃命與母分離避居尼姑庵（玉簪記）

4.屈從命令：蔡伯喈成為牛丞相女婿（琵琶記）

5.拒絕為婿：鄭元和中狀元曾學士有女欲嫁之但鄭元和堅拒（繡襦記）、韓琦丞相欲將其女嫁給王魁但王魁拒絕媒

婆（焚香記）

　　6.派往邊疆：王十朋拒絕爲婿被派往邊疆（荊釵記）、張九成廷策辱罵丞相被派往邊疆（香囊記）、董傳策、張鶴樓、吳惺齋聯名奏諫嚴嵩被派往邊疆（鳴鳳記）、宇文融丞相陷害盧生說其通敵吐蕃盧生要被處死幸高力士力諫改派廣南安置（邯鄲記）、高力士陷害李白說其協助永王叛亂將其捉拿，郭子儀爲李白諫言皇上免其死罪流放夜郎（彩毫記）、蘇東坡得罪王安石遭陷害被貶官（金蓮記）、太傅王蠋及齊王世子力勸齊王小心防範燕國，但王蠋遭奪官削職，而世子流放莒州（灌園記）、裴由先直諫武后，裴由先遭重打幾乎喪命流放嶺南（節俠記）、盧鬱金與其母被遣回嶺南而與被送往塞外裴由先別離（節俠記）

　　7.遭陷下獄：盧祀丞相陷害劉震說其未隨駕係受叛將封官被下天牢（明珠記）、

　　8.冤屈洗刷：盧生之通敵吐蕃冤屈罪名因吐蕃之子來朝謝恩而洗刷（邯鄲記）、因秦少游諫言黃帝下令將害人貶至雷州，蘇東坡返京擔任禮部左侍郎還其清白（金蓮記）

　　9.神明協助：玉皇大帝派鬼神協助造墳安葬趙五娘公婆（琵琶記）、錢玉蓮投江爲神明指派協助的錢巡撫所救（荊釵記）、馮商無法生育但因善行玉皇大帝下令給其兒子（三元記）、劉無雙喝下毒酒而亡因王仙客與劉無雙本是一對姻緣，因時運未到於是與仙都散吏古洪合力救無雙以續命膠丸救活（明珠記）、杜麗娘死後入地獄因父親正直及姻緣未了而被放出（還魂記）、山神叫土地率猛虎解救李白夫婦免遭

山賊的打劫（彩毫記）、金大員外取得王魁家書將其改為休書，桂英氣憤王魁負心自縊而死，鎮海龍王查出兇手為金大員外於是命判官將其救活（焚香記）、齊萬年欲逼巫彩鳳為妻，為守貞節跳厓為虎所救，而虎為神明所指示（金雀記）、龍驤領兵派去平劉豫之亂，獲神明協助施法打敗劉豫（蕉帕記）、秦慶娘守節自盡葵靈廟神決定救她讓其還魂（玉玦記）、小魔王團團圍住木清泰，關真君打敗惡魔救出木清泰（曇花記）、北幽太子喜歡木清泰之侍妾，許真君驅邪保護郭倩香及賈凌波（曇花記）、仇嚴因收嚴玉英為奴見其美色欲收為妾，嚴玉英堅拒，嚴玉英與易弘器間傳情困難，土地公協助協助紙丸傳情終成眷屬（飛丸記）、李克成營長設計陷害栽贓王楫，王楫被屈打成招問絞刑，王楫將被處死七僧向皇上建言大赦天下，皇帝尊之（雙珠記）、王楫妻郭氏為為貞節欲自殺，玄天上帝救之（雙珠記）、烏古孫澤嘆無子嗣，日間遊神為賢德即將臨盆杜氏求天帝賜男孩（四賢記）

　　10.遭鬼害死：伯嚭遇伍子胥鬼魂被捉入地獄（浣紗記）、岳飛鬼魂索命秦檜夫妻突然暴斃（精忠記）

　　11.脫逃成功：項羽暗殺沛公，沛公藉不勝酒力逃走（千金記）、王公子設計藉講經之名捉住陳嬌蓮，陳嬌蓮未上當（玉簪記）、王導設計陷害謝鯤等忠臣，周頤、戴淵遭誅殺，謝鯤裝醉躲過一劫（投梭記）、洪一設計讓劉知遠看瓜田，讓鐵面瓜精吃掉，劉知遠打敗鐵面瓜精將其殺死（白兔記）

12.巧遇解救：趙舍人欲娶張九成妻幸巧遇丈夫解決危機（香囊記）、檀蘿國四太子欲搶公主為妾其丈夫淳于棼趕到解圍（南柯記）、劉員外欲以千金娶興奴，但遭拒絕。白居易行船聽琵琶聲知興奴在船上而相遇將其解救，後白居易又升官為禮部侍郎並與興奴成婚（青衫記）、瓊英父親逼其嫁給王提領途中遇丈夫解救（玉環記）、柳淑娘被選為宮女，梅玉成為進士上奏經皇帝同意娶宮女而能團圓（錦箋記）、三娘兄嫂欲將小孩丟入荷花池淹死，竇公將小孩送給劉知遠（白兔記）、孫華為惡友所害倒臥雪地，孫榮正巧經過救他（殺狗記）

13.平亂成功：薛仁皋起兵作亂李靖平亂成功（紅拂記）、李靖征高麗打敗高麗（紅拂記）、完顏亮起兵作亂杜太守以金錢財富撫平（還魂記）、吐蕃興兵作亂，李益玉門關當參軍，聯合大小河西制服吐蕃（紫釵記）、吐蕃作亂涼州都督被殺，盧生成為征西將軍，運用謀略利用流言之計說其吐蕃丞相悉那邏謀反，丞相悉那邏被處死，盧生順利戰勝（邯鄲記）、西番部長石勒作亂攻打洛陽，溫嶠打敗石勒（玉鏡記）、王敦兵敗被溫嶠所捉後被處死，而後全家團圓（玉鏡記）、韓壽授命為平東經略使，要征討吳國而打敗吳國（懷香記）、陶侃得知溪蠻攻擊，而打敗溪蠻（運甓記）、叛將蘇峻起兵陶侃平亂成功（運甓記）、安祿山興兵作亂韓君平戰勝（玉合記）、胡永兒作亂，文彥博捉住胡永兒平亂（四喜記）、西夏國將軍張元叛亂攻徐州，王魁打敗張元，張元欲復仇準備攻王魁家鄉殺其家小，但王魁家鄉萊

陽城因早有防備而兵敗逃走（焚香記）、錢鳳起兵與謝鯤決戰，錢鳳兵敗被俘（投梭記）、朱泚叛變，唐韋皋率軍擊敗朱泚（玉環記）、渾邪王起兵，霍去病打敗渾邪王（種玉記）、方臘占據睦州想要滅掉宋朝，韓世忠打敗方臘並將其擒拿（雙烈記）、劉正彥等作亂廢高宗、殺恩相王淵，韓世忠率軍擊敗逆賊殺之（雙烈記）、金兀朮虜徽、欽二帝再攻江南，兩軍對陣金兀朮兵敗其女婿龍虎大王被擒（雙烈記）、蘇林老將叛變，劉知遠伐賊勝利（白兔記）、西胡大將骨朵兒泚叛亂，王楫與陳時策合力打敗（雙珠記）

14.平亂失敗：白蓮社起兵作亂柳淑娘父親中箭兵敗（錦箋記）

15.兵敗自殺：吳國與越國戰爭吳王夫差舉劍自盡（浣紗記）、楚漢戰爭項羽兵敗至烏江因無顏見江東父老於是自盡（千金記）

16.自我毀容：郭氏遭張敏染指為保貞節自我割面（尋親記）、卓文君父親強逼其嫁田太尉，卓文君剪髮逃入山中（琴心記）、韓君平妻柳氏為躲兵變剪髮成為尼姑（玉合記）、降官欲得秦慶娘，但秦慶娘剪髮割面避免失節（玉玦記）

17.俠士解救：孫飛虎兵馬圍住寺門搶親，張君瑞獻計浦關白馬將軍前來救援（南西廂記）、老夫人毀約拒嫁女兒及鄭恆前來娶親，但張君瑞藉杜將軍之力圓滿成婚（南西廂記）、蔣世隆與瑞蘭遇山賊，幸山賊首領為其救過的人陀滿興福（幽閨記）、盧太尉招李益為婿李益拒絕，黃衫豪士將

李益救出（紫釵記）、登徒子喜歡季小姐陷害宋玉，宋玉好友荆俠飛協助教訓登徒子砍傷其腳（春蕪記）、唐蒙設陷讓司馬相如入獄廷尉反將唐蒙殺死（琴心記）、永王捉住李白要求其效忠，但遭拒入監，展靈旗、武諤前來將救出（彩毫記）、郭子儀再爲李白諫言，皇上讓其返回京城與家人團圓（彩毫記）、池相國公子請刺客殺于叔夜，結果池相國公子及趙伯將遭胥表殺死，同時胥表救助穆麗華逃跑讓其與于叔夜見面成親（西樓記）、韋皋遇盜匪幸好爲其好友克孝化解危機（玉環記）、宋江逃跑爲埋伏官兵所捉要被處死，宋江行刑前爲梁山泊好漢所救（水滸記）、張三郎欲調戲宋江妻梁山泊好漢所救而團圓（水滸記）、孫華氣極，派吳忠謀殺孫榮，吳忠讓孫榮逃跑（殺狗記）、黃妙瓊因其丈夫爲富豪所陷害關入獄中，木清泰救之（曇花記）、呂翁女兒賣身木清泰贈玉環及白金解救其困境（曇花記）、嚴世蕃決定要暗殺易弘器，嚴玉英得知訊息給銀兩及食物讓易弘器脫逃（飛丸記）

18.病重而死：杜麗娘病重而亡（還魂記）、公主病重而亡，淳于棻喪妻（南柯記）

19.病重遭救：元載之女湘英重病需救治，張無頗以龍膏救活病重的湘英（龍膏記）柳夢梅落水幸爲杜麗娘老師所救（還魂記）、孫榮本欲投水自盡，爲孫老公公所救寄居破窰（殺狗記）

20.貧病交迫：鄭元和淪爲乞丐飢寒交迫李亞仙救之（繡襦記）

21.婚姻遭阻：霍仲孺與衛少兒戀情爲其兄獲知阻絕兩人別離（種玉記）、洪一逼劉知遠寫休書，劉知遠拒絕（白兔記）、劉知遠被逼無奈與妻分離，並立下「不發跡不回、不做官不回、不報仇不回」誓言，並告知妻子，如有比他好的丈夫則改嫁，劉知遠從軍（白兔記）

因此明傳奇的其他劇本與《玉茗堂四夢》比較，其戲劇危機運用的模式是相同的，包含有陰謀陷害模式、引發戰爭模式、觸犯當權模式及不可預期意外等模式，至於危機解決的方式也是有悲有喜，至於在小收煞的運用，除《鸞鎞記》因劇本過短無安排小收煞外，其他都是製造戲劇危機，讓劇中人物陷於危險，而在大收煞安排，同樣都是安排大團圓的結局。有關《六十種曲》戲劇危機分析一覽表請參閱附錄五，《六十種曲》小收煞與戲劇危機關係一覽表參閱附錄六，《六十種曲》大收煞與戲劇危機關係一覽表參閱附錄七。

第五章 《玉茗堂四夢》戲劇危機與早期南戲戲劇危機比較

第一節 《荊釵記》、《白兔記》、《幽閨記》、《殺狗記》戲劇危機分析

　　擴及早期南戲劇本，研究分析早期南戲之戲劇危機的類別、戲劇危機的解決方式，與《玉茗堂四夢》有何異同？因此選擇四個劇本《荊釵記》、《白兔記》、《幽閨記》、《殺狗記》來加以比較。

　　一、《荊釵記》：

　　（一）劇作家簡介：朱權，朱元璋十七子，幼年自稱大明奇士，晚年熱衷於修身養性，有涵虛子、丹丘先生等別署。卒於正統十三年，其著作有《太和正音譜》、《務頭集韻》、《瓊林雅韻》三種。[1]

---

1 葉長海：《中國戲劇學史稿》（台北：藝術叢刊，1987年），頁98。

（二）故事大綱：王十朋與錢玉蓮訂婚，以荊釵爲聘禮，時富人孫汝權見玉蓮貌美，欲娶之，繼母逼之嫁汝權。玉蓮不從乃與十朋草草成婚。十朋入京赴試，中狀元，丞相万俟欲召爲婿，十朋不從。修書家中，爲孫汝權中途改成休書，玉蓮乃投江自殺，爲錢安撫救起，收爲義女，同往福建任所。十朋聞玉蓮死，悲痛異常。丞相万俟以其不肯就婚，惡之，改調廣東潮陽僉判。時有饒州王士宏死，玉蓮誤以爲十朋，哀傷不已，時十朋升任吉安，錢安撫欲以玉蓮嫁之，皆不從，後幾經波折，十朋與玉蓮終於團圓。[2]

（三）情節大綱：

第一齣　家門　故事大綱。

第二齣　會講　王十朋居住溫州城，父親早逝，母親撫育成人，準備赴考求取功名。

第三齣　慶誕　錢玉蓮父親慶祝壽誕，然爲女兒婚事擔憂。

第四齣　堂試　王十朋以薦賢論考上秀才。

第五齣　起媒　錢玉蓮父親託人爲女做媒，欲嫁王十朋。

第六齣　議親　媒人前來說媒，但王十朋家貧，其母拔荊釵爲聘禮。

第七齣　瑕契　富豪孫汝權愛慕錢玉蓮請人說媒。

第八齣　受釵　媒人分攜金釵及荊釵讓玉蓮選擇。

第九齣　繡房　錢玉蓮選擇王十朋。

第十齣　逼嫁　錢玉蓮後母爲錢逼玉蓮嫁孫汝權，玉蓮不從。

---

2 孟瑤：《中國戲曲史》第一冊（台北：傳記文學出版社，1979年），頁 234。

第十一齣　辭靈　玉蓮內心痛苦，到祠堂祭拜母親靈位。

第十二齣　合巹　玉蓮與十朋結婚。

第十三齣　遣僕　因十朋前往京城應試，玉蓮父遣僕接回十
　　　　　　　　朋母親。

第十四齣　迎請　僕人至十朋家迎接其母。

第十五齣　分別　十朋赴京城與妻子別離。

第十六齣　赴試　十朋與其他秀才赴京城應試。

第十七齣　春科　十朋考上狀元。

第十八齣　閨念　玉蓮思念十朋。

第十九齣　參相　万俟丞相欲召十朋為婿，十朋予以回絕，
　　　　　　　　告知「糟糠之妻不下堂，貧賤之交不可
　　　　　　　　忘」的觀念，於是丞相報復，將其派往蠻
　　　　　　　　荒之地為官。

第二十齣　傳魚　十朋寫家書，告知在京城狀況。

二十一齣　套書　孫汝權偷得十朋家書，並加以竄改，將家
　　　　　　　　書改為休書，告知已入贅相府。

二十二齣　獲報　十朋家人獲得家書見信愕然。

二十三齣　覓真　孫汝權再編謊言，欲娶錢玉蓮。

二十四齣　大逼　孫汝權依然賄絡錢玉蓮後母逼婚。

二十五齣　發水　錢巡撫夜夢，神明告知節婦投江，將予救起。

二十六齣　投江　玉蓮一怕損夫之行，二怕誤妾之名，三慮
　　　　　　　　砧辱宗風，四恐乖違婦德，於是投江自
　　　　　　　　殺，幸錢巡撫救起，並認其為義女。

二十七齣　憶母　十朋想念母親及及玉蓮。

二十八齣	哭鞋	王老夫人痛失媳婦，決定去京城找兒子。
二十九齣	搶親	孫汝權與玉蓮家人衝突。
第三十齣	祭江	王老夫人祭拜媳婦。
三十一齣	見母	十朋與母親見面得知實情。
三十二齣	遣音	錢巡撫派人告知玉蓮家人，玉蓮人在福州。
三十三齣	赴任	十朋前往潮陽府上任。
三十四齣	誤訃	玉蓮誤聽十朋上任因水土不服而死。
三十五齣	時祀	十朋祭拜玉蓮。
三十六齣	夜香	玉蓮祭拜十朋。
三十七齣	民戴	十朋為官清正，深受民眾愛戴。
三十八齣	意旨	十朋與母親前往吉安上任。
三十九齣	就祿	十朋派人接玉蓮父親前來吉安同住。
第四十齣	奸計	惡人孫汝權告狀，溫州府推官周壁察明真相，反將孫汝權杖打四十大板。
四十一齣	唔婿	玉蓮父與十朋見面。
四十二齣	親敘	玉蓮父與十朋母親見面。
四十三齣	執柯	友人欲為十朋做媒，但十朋不願再娶。
四十四齣	續姻	義父錢安撫欲安排玉蓮再嫁，玉蓮不願。
四十五齣	薦亡	元宵廟會祭拜，兩人雖相見但不敢相認。
四十六齣	責婢	玉蓮父指責女婢，不應再作紅娘。
四十七齣	疑會	錢安撫安排邀宴。
四十八齣	團圓	宴會中錢安撫拿出荊釵為十朋認出，夫妻團圓。

（四）戲劇危機發生原因及解決方式：

1.丞相招婿：万俟丞相欲召十朋爲婿，但十朋拒絕得罪丞相，丞相將陷害王十朋，產生戲劇危機，結果十朋派往荒地爲官。

2.陰謀設陷：孫汝權偷得十朋家書，並加以竄改，將家書改爲休書，透露十朋已入贅相府，然後賄絡錢玉蓮後母逼婚，讓錢玉蓮陷入無路可走的危機，結果錢玉蓮投江自殺。

3.勸婚再娶：義父錢安撫欲安排錢玉蓮再嫁，王十朋友人欲爲十朋做媒，如果兩人都答應，會展現兩人對愛情不忠貞的危機，結果兩人都未答應。

二、《白兔記》：

（一）劇作家簡介：不詳。

（二）故事大綱：寫劉知遠故事，劉知遠爲繼父所逐，飄遊於外，被李文奎所收容，李有二子，洪一，洪信，一女三娘。李將三娘許婚知遠，後李死，洪一逼走知遠，知遠別妻投軍，討賊立功，封九州安撫使，又娶岳氏。時三娘被兄嫂折磨，於磨房產一子名咬臍郎，恐兄嫂害之，託竇老送知遠處。後咬臍郎長大，出獵，追一白兔，到沙陀村，遇三娘，母子相逢，後知遠乃接三娘同享富貴。

（三）情節大綱：

第一齣　開宗　講述故事大綱。

第二齣　訪友　劉知遠早年喪父，母改嫁，繼父將其趕出家門，知遠決定訪友。

第三齣　報社　李文奎有二子，洪一，洪信，並有一女三娘，與其子女共賞冬季雪景。

第四齣　祭賽　李文奎至馬鳴廟祭拜，祭拜之福雞為劉知遠
　　　　　　　　所盜。

第五齣　留莊　李文奎認為劉知遠為非凡之輩，將其帶回家。

第六齣　牧牛　李文奎見劉知遠睡覺時有真龍出現，知其未
　　　　　　　　來必然富貴，因此將女兒許配。

第七齣　成婚　劉知遠與李三娘成親。

第八齣　遊春　劉知遠與李三娘趁春景出遊。

第九齣　保懷　洪一不喜劉知遠，而李文奎亦生病。

第十齣　逼書　洪一逼劉知遠寫休書。

第十一齣　詭計　洪一設計讓劉知遠看瓜田，讓鐵面瓜精吃掉。

第十二齣　看瓜　劉知遠打敗鐵面瓜精將其殺死。

第十三齣　分別　劉知遠被逼無奈與妻分離，並立下「不發
　　　　　　　　跡不回、不做官不回、不報仇不回」誓
　　　　　　　　言，並告知妻子，如有比他好的丈夫則改
　　　　　　　　嫁。

第十四齣　途嘆　劉知遠途中悲傷。

第十五齣　投軍　劉知遠加入岳勳節度使軍隊。

第十六齣　強逼　兄嫂逼三娘再嫁，三娘不從，兄嫂逼迫日
　　　　　　　　間挑水三百擔，夜間挨磨到天明。

第十七齣　巡更　劉知遠寒冬巡守，節度使女兒岳秀英贈戰
　　　　　　　　袍禦寒。

第十八齣　拷問　劉知遠被誤會偷戰袍被拷問，拷打時空中
　　　　　　　　出現五爪真龍，岳勳節度使知其將來必富
　　　　　　　　貴，於是將女兒嫁給他。

第十九齣　挨磨　三娘辛苦過活。

第二十齣　分娩　竇老探視三娘，得知其生小孩，並咬斷臍帶。

二十一齣　岳贅　劉知遠入贅成為岳家女婿。

二十二齣　送子　三娘兄嫂欲將小孩丟入荷花池，於是託竇公將小孩送給劉知遠。

二十三齣　求乳　竇公沿途求乳餵小孩。

二十四齣　見兒　竇公見到劉知遠，並將小孩交付，而岳家小姐也願意收養。

二十五齣　寇兵　蘇林老將叛變。

二十六齣　討賊　劉知遠官拜總兵元帥，出兵討伐蘇林老將。

二十七齣　凱回　伐賊勝利。

二十八齣　汲水　三娘仍然挨磨挑水痛苦生活。

二十九齣　受封　劉知遠因戰功任九州安撫。

第三十齣　訴獵　劉知遠之子打獵追白兔遇其母。

三十一齣　憶母　劉知遠將過去歷史告知其子。

三十二齣　私會　劉知遠與三娘夫妻相見，互訴衷情，並教訓李洪一夫婦。

三十三齣　團圓　全家團圓。

（四）戲劇危機發生原因及解決方式：

1.陰謀設陷：洪一設計讓劉知遠看瓜田，好讓鐵面瓜精吃掉，讓劉知遠陷於失去生命的危機，結果他反而殺死瓜精脫困。另外三娘的兄嫂也逼迫三娘日間挑水三百擔，夜間挨磨到天明，也想害死三娘，同時也將其小孩丟入荷花池，幸好三娘忍耐克服危機，同時也託竇公將小孩送給劉知遠扶

養。

2.引發戰爭：蘇林老將叛變，劉知遠官拜總兵元帥奉命出兵討伐，雙方戰爭將引發劉知遠戰死的戲劇危機，結果劉知遠戰勝。

三、《幽閨記》：

（一）劇作家簡介：施惠，字君美，杭州人，《錄鬼簿》說其「居吳山城隍廟前，以坐賈爲業，每承接款多有高論，詩酒之暇，惟以塡詞和曲爲事，有古今砌話，亦成一集，其好事也如此」。[3]

（二）故事大綱：蒙古侵略金朝，滿朝群臣只有陀滿海牙主張迎戰，因被讒誅滅全家，只兒子陀滿興福躲到蔣世隆花園，得脫逃於死，於是兩人結爲兄弟，並資助他逃生。後來兵變，世隆帶著妹妹瑞蓮逃避；而兵部尙書王鎭的妻子也帶著女兒瑞蘭逃難。兩下都被衝散，於是世隆呼叫瑞蓮，卻被瑞蘭誤聽應了；王夫人呼叫瑞蘭，也被瑞蓮誤聽應了。由於同在患難，於是王夫人認瑞蓮爲義女，世隆也帶著瑞蘭，各自逃走。後來世隆與瑞蘭在村店結婚。等到兵災平息，王鎭班師，在村店遇到女兒瑞蘭，不顧世隆正在病中，強把瑞蘭帶走，又和王夫人相遇，於是一家團敍。但瑞蘭常念世隆，晚上焚香拜月，祈求破鏡重圓。另一方面世隆在村店得遇興福，回到京城應試，分別高中文武狀元。王鎭愛才，把

---

3 孟瑤：《中國戲曲史》第一冊（台北：傳記文學出版社，1979年），頁239。

二女配婚，於是世隆和瑞蘭終得完聚。[4]

（三）情節大綱：

第一齣　開場始末　副末開場講述故事大綱。

第二齣　表幃自嘆　蔣世隆自述家世，父母雙亡，與妹蔣瑞
　　　　　　　　　蓮相依爲命，欲前往京城應試，期望
　　　　　　　　　衣錦還鄉。

第三齣　虎狼擾亂　番將起兵作亂。

第四齣　罔害瞤良　聶賈列與陀滿海牙爲遷都事爭執，陀滿
　　　　　　　　　海牙遭陷，家族三百餘口遭屠殺。

第五齣　亡命全忠　陀滿海牙之子陀滿興福知惡耗而逃難。

第六齣　圖形追捕　巡警追捕陀滿興福。

第七齣　文武同盟　陀滿興福逃難翻進蔣世隆家中，請其協
　　　　　　　　　助，蔣世隆與其結盟以兄弟相稱，贈
　　　　　　　　　與衣帽及銀兩。

第八齣　少不知愁　王瑞蘭享有快樂與幸福。

第九齣　綠林寄跡　陀滿興福逃難至山賊處，因戴上頭盔而
　　　　　　　　　不頭痛，而被命爲真命真主。

第十齣　奉使臨番　王鎮尙書奉命前往邊城和蕃。

第十一齣　士女隨遷　蔣世隆因兵荒馬亂，只得與妹奔逃。

第十二齣　山寨巡邏　陀滿興福巡邏山寨。

第十三齣　相泣路歧　王瑞蘭與其母逃難。

第十四齣　風雨間關　蔣世隆與其妹蔣瑞蓮忍受逃難痛苦。

---

4 黃麗貞：《南劇六十種曲研究》（台北：商務印書館，1972 年），
　頁 39。

第十五齣	番落回軍	大金軍隊接受進貢。
第十六齣	違離兵火	逃難中蔣世隆與其妹蔣瑞蓮和王瑞蘭與其母因搶劫而走散。
第十七齣	曠野奇逢	因王瑞蘭與蔣瑞蓮名字相近,蔣世隆與王瑞蘭相遇,兩人權做夫妻一同逃難。
第十八齣	彼此親依	蔣瑞蓮和瑞蘭之母相遇,瑞蘭之母認瑞蓮為女兒一同逃難。
第十九齣	偷兒擋路	蔣世隆與王瑞蘭逃難,遭山賊擄走。
第二十齣	虎頭遇舊	因陀滿興福為山賊首領,化險為夷,並大擺宴席,把酒敘舊。
二十一齣	子母途窮	蔣瑞蓮和瑞蘭之母繼續逃難前行。
二十二齣	招商諧偶	店主權充主婚人,蔣世隆與王瑞蘭成婚。
二十三齣	和寇還朝	王尚書與大金言和返朝。
二十四齣	會赦更新	陀滿興福逃離山寨,適逢大赦,於是上京應試。
二十五齣	抱恙離鸞	蔣世隆重病,瑞蘭與父相遇,其父將瑞蘭強行帶走,夫妻分離。
二十六齣	皇華悲遇	在驛館瑞蘭與其父母及蔣瑞蓮巧遇。
二十七齣	逆旅蕭條	蔣世隆思念瑞蘭。
二十八齣	兄弟彈冠	蔣世隆與陀滿興福客棧相逢。
二十九齣	太平家宴	王鎮一家人吃團圓飯。
第三十齣	對景含愁	瑞蘭思念蔣世隆。
三十一齣	英雄應辟	蔣世隆與陀滿興福前往京城準備考試。

三十二齣　幽閨拜月　瑞蘭安排香案祭拜明月，希望能與世
　　　　　　　　　　隆團圓，同時瑞蘭得知瑞蓮的兄長爲
　　　　　　　　　　世隆。

三十三齣　照例開科　蔣世隆與陀滿興福應試。

三十四齣　姊妹論思　瑞蘭與瑞蓮期望世隆能夠高中。

三十五齣　紹贅仙郎　王鎮準備將瑞蘭與瑞蓮嫁給文武狀
　　　　　　　　　　元，但瑞蘭堅持已嫁蔣世隆不願再
　　　　　　　　　　嫁。

三十六齣　推就紅絲　媒婆遞絲鞭給蔣世隆與陀滿興福，但
　　　　　　　　　　蔣世隆卻加以拒絕。

三十七齣　官媒回話　媒婆告知王鎮，世隆拒接絲鞭，由於
　　　　　　　　　　他已有婚約。

三十八齣　請偕伉儷　媒婆告知世隆，王鎮邀其家宴。

三十九齣　天湊良緣　家宴中，世隆與瑞蘭、瑞蓮重逢。

第四十齣　洛珠雙合　世隆與陀滿興福分別與瑞蘭、瑞蓮成親。

（四）戲劇危機發生原因及解決方式：

　　1.陰謀設陷：聶賈列與陀滿海牙爲遷都事爭執，陀滿海牙遭陷，家族三百餘口遭屠殺，其子陀滿興福知惡耗而逃難，他是否能化解危機？結果陀滿興福逃難翻進蔣世隆家中，請其協助，蔣世隆與其結盟以兄弟相稱，贈與衣帽及銀兩，後逃難至山賊處，因戴上頭盔而不頭痛，而被命爲真命真主。

　　2.戰亂走散：蔣世隆因兵荒馬亂，與其妹蔣瑞蓮奔逃，而王瑞蘭也與其母逃難，因爲逃難，因逃難走散，產生失去

親人的危機，結果王瑞蘭與蔣瑞蓮名字相近，蔣世隆與王瑞蘭相遇，兩人權做夫妻一同逃難，蔣瑞蓮和瑞蘭之母相遇繼續逃難前行。

3.盜賊殺害：蔣世隆與王瑞蘭逃難，遭山賊擄走，面臨可能遭山賊殺害的危機，結果其義弟陀滿興福恰巧爲山賊首領，於是化險爲夷，兄弟還把酒敘舊。

4.夫妻分離：蔣世隆重病，瑞蘭與父相遇，其父欲將瑞蘭帶走，於是面臨夫妻分離危機，結果瑞蘭還是遭父親強行帶走。

5.尙書招婿：王尙書要強逼女兒瑞蘭嫁給狀元，瑞蘭如果同意再嫁，將陷於對愛情不忠貞危機，結果非常巧合，蔣世隆就是狀元，於是夫妻團圓。

四、《殺狗記》：

（一）劇作家簡介：徐田臣

（二）故事大綱：孫榮、孫華兄弟不協，孫榮掌握家財，憎厭孫華，每日與無賴柳、胡兩人飲宴，他妻子楊氏百計勸諫不聽；最後，趕出弟弟，任他在城南破窯中受飢寒，後來楊氏想出一計，在她丈夫晚醉回家時，殺了一隻狗，穿上衣服，放在門前，孫榮見血，以爲是死人，去求柳、胡兩人幫忙掩埋，兩人反眼不肯，楊氏提議找孫華協助，孫華奮身負屍去隱處埋好，於是兄弟和好。明日，柳胡二人去官府告發，楊氏說出實情，真相大白。後來朝廷下令表揚楊氏的

賢慧。[5]

（三）情節大綱：

第一齣　家門末講　述故事大綱。

第二齣　諫兄觸怒　孫華結交惡友，孫榮力勸。

第三齣　蔣園結義　孫華與惡友柳龍卿與胡子傳義結金蘭。

第四齣　妻妾共議　孫華妻楊月真擔心丈夫遭惡友陷害。

第五齣　孫榮自嘆　孫榮擔心與其兄之關係。

第六齣　喬人行譴　柳胡二人傳設計騙孫華，說其弟將謀害他，奪其妻子及財產，於是孫榮被趕出家門，並丟一本書給他做路費，嘲諷讀書人。

第七齣　孫華拒諫　楊月真苦勸丈夫孫華，但孫華不聽。

第八齣　旅店借居　孫榮被趕出家門投宿旅店。

第九齣　孫華家宴　孫華與其妻共享美食及美景。

第十齣　王婆逐客　孫榮未付房租，被趕出投宿旅店，本欲投水自盡，幸爲孫老公公所救，寄居破窯。

第十一齣　窯中受困　孫榮住在破窯自嘆。

第十二齣　雪中救兄　孫華爲惡友所害倒臥雪地，孫榮救之。

第十三齣　歸家被逐　孫榮再度被其兄誤解，又遭趕離家門。

第十四齣　喬人算賬　柳胡二人盤算如何花用從孫華身上謀奪而來之羊脂白玉環。

---

5 黃麗貞：《南劇六十種曲研究》（台北：商務印書館，1972 年），頁 37。

第十五齣	妻妾嘆夫	孫華之妻妾爲孫榮抱不平。
第十六齣	吳忠看主	孫家僕人吳忠見孫榮，告知會苦盡甘來。
第十七齣	看書苦諫	孫華妻妾以歷史故事勸說孫華。
第十八齣	窯中拒奸	柳胡二人設計挑撥孫榮，孫榮不爲所動。
第十九齣	計請王老	孫華妻妾請長老王老實勸說。
第二十齣	安童請命	安童奉夫人之命前去請王老實勸說。
二十一齣	花園遊賞	孫華妻勸孫華上墳祭拜父母。
二十二齣	孫榮奠墓	孫榮上墳祭拜父母遇孫華，卻遭其欺負，家僕將孫榮毆打。
二十三齣	王老諫主	王老以採樵圖兄弟團結故事勸說孫華。
二十四齣	謀殺孫榮	孫華氣極，派吳忠謀殺孫榮。
二十五齣	月真買狗	孫華妻想出殺狗勸夫的計謀。
二十六齣	土地顯化	土地公出現，將狗屍變成人屍。
二十七齣	見狗驚心	孫華喝醉返家見屍體而驚恐。
二十八齣	喬人負心	孫華求助柳胡兩人協助埋屍遭拒。
二十九齣	院君回話	孫華無策，月真建議找孫榮協助。
第三十齣	吳忠仗義	吳忠不願殺孫榮，並加以協助。
三十一齣	夫婦叩窯	孫華來破窯請孫榮協助，孫榮答應。
三十二齣	迎春私嘆	孫華妾讚楊月真之謀略。
三十三齣	親弟移屍	孫榮協助其兄埋葬屍體。
三十四齣	拒絕喬人	柳胡兩人又來威脅，孫華不爲所動。
三十五齣	斷明殺狗	柳胡兩人告官，說其兩兄弟殺人，開封府尹查明並非屬實，柳胡兩人遭廷杖。
三十六齣	孝友褒封	皇帝表揚孫華孫榮。

（四）戲劇危機發生原因及解決方式：

1.陰謀設陷：柳龍卿與胡子傳二人傳設計騙孫華，說其弟將謀害他，奪其妻子及財產，因此讓孫華家庭陷於失和的危機之中，結果是孫華將孫榮趕出家門；柳龍卿與胡子傳二人又陷害孫華，謀奪他的羊脂白玉環後將其棄置雪地，孫華有被凍死的危機，結果其弟孫榮經過將其救回家；孫華派僕人謀殺其弟孫榮，孫榮有失去生命的危機，結果僕人吳忠未謀殺反而給其錢財救他；孫華妻想出殺狗勸夫的計謀，將狗屍放在家門口，讓孫華誤以為犯下殺人罪行，讓其擔心好讓其弟弟孫榮有幫助他的機會，化解兄弟間的誤解，結果土地公出現，將狗屍變成人屍，孫華擔心不已，孫榮協助其兄埋葬屍體，失和危機終於化解；柳龍卿與胡子傳二人傳再度設計說孫華與孫榮兄弟埋屍，讓其兄弟陷於官司纏身危機，結果開封府尹查明並非屬實，反將柳胡兩人廷杖。

2.自殺了斷：孫榮因無錢付房租，於是被趕出投宿旅店，走頭無路想投水自盡，孫榮有失去生命的危機，結果投水後為孫老公公所救，寄居破窯。

第二節 《荊釵記》、《白兔記》、《幽閨記》、《殺狗記》戲劇危機與《玉茗堂四夢》戲劇危機之比較

《荊釵記》、《白兔記》、《幽閨記》、《殺狗記》四

個早期著名的南戲，其危機類別，計有丞相招婿、陰謀設陷、勸婚再娶、引發戰爭、戰亂走散、盜賊殺害、夫妻分離、自殺了斷等 8 個類別，總數量有 18 個，戲劇危機一覽表詳如附錄八。

加以歸納分析有下述幾個特點：

1.每一齣戲都有陰謀設陷危機，運用總數量高達 10 個，尤其在《殺狗記》及《白兔記》中，幾乎用陰謀設陷貫穿全劇。至於危機解決方式，多是有人相救化解危機，只有一個是在《殺狗記》，兄弟失和，弟弟被趕出家門。

2.運用神明解救化解危機在每一齣戲中都存在，包含《荊釵記》中錢巡撫夜夢，神明告知節婦投江，將予救起，果然救起投江的錢玉蓮；在《白兔記》中，洪一設計讓劉知遠看瓜田，好讓鐵面瓜精吃掉，讓劉知遠陷於失去生命的危機，結果他運用神力反而殺死瓜精脫困；《幽閨記》中，陀滿興福逃難至山賊處，因有神力戴上頭盔而不頭痛，而被命為真命真主，因而之後能解救被山賊所捉的蔣世隆；《殺狗記》中由於土地公出現，將狗屍變成人屍，因而能促成兄弟復合。

3.危機解決方式並不是都化險為夷，也有不好的結果，如派往荒地為官、兄弟失和、遭驅離家等，就總數量來分析仍是團圓脫險多於不好的結果，18 個危機，其中喜劇結果有 16 個，2 個為悲劇結果。

4.戲劇危機數量，每一齣戲介於 3 至 6 個之間。

5.出現最多戲劇危機類依序分別是陰謀設陷（10

個）、丞相招婿（2 個）、勸婚再娶（1 個）、引發戰爭
（1個）、夫妻分離（1個）、自殺了斷（1個）。

6.戲劇危機類別中除丞相招婿、勸婚再娶及夫妻分離
外，其他的危機都會影響劇中人物的性命，其危機強度很
高。

7.戲劇危機總共 18 個，其中有 10 個出現在戲的前半
段，8 個出現在戲的後半段，顯見鋪排戲劇危機，將增加戲
劇張力。

8.藉靠戲劇的衝突引發戲劇危機，以陰謀設陷部份為
例，在《荊釵記》中孫汝權偷得十朋家書，並加以竄改，將
家書改為休書，透露十朋已入贅相府，然後賄絡錢玉蓮後母
逼婚，造成錢玉蓮與孫汝權的衝突，也引發錢玉蓮投江自殺
的危機；在《白兔記》中，洪一設計讓劉知遠看瓜田，好讓
鐵面瓜精吃掉，造成劉知遠與洪一的衝突，也引發劉知遠可
能遭瓜精吃掉的危機；在《幽閨記》中陀滿海牙遭陷家族被
迫害，陀滿興福逃亡，造成陀滿興福與磊賈列衝突，也引發
陀滿興福被捕遭害的危機；在《殺狗記》中孫華派僕人謀殺
孫榮，造成孫華與孫榮的衝突，也引發孫榮被殺的危機。

如果與《玉茗堂四夢》之戲劇危機加以比較，歸納分析
有下述幾個特點：

1.在戲劇危機類別方面，相同的有陰謀設陷、丞相招
婿，其餘均不同，在《玉茗堂四夢》有異族作亂、難癒疾
病、生死抉擇、搭船落水、喝酒誤事、誤解冤屈、觸犯當
權，而在四大南戲有勸婚再娶、引發戰爭、戰亂走散、盜賊

殺害、夫妻分離、自殺了斷。

2.在運用神明解救化解危機方面，兩者都有運用，在《玉茗堂四夢》方面，《還魂記》有藉靠神明解救讓杜麗娘死而復活，《邯鄲記》也出現盧生重病而亡黃粱夢醒時，與眾仙一同前往東華帝君處修行，《南柯記》淳于棼拜禪師請求父親妻子升天，於是天門已開淳于棼與父親妻子再見面，只有《紫釵記》沒有運用；而在四大南戲每一齣戲都有運用，如《殺狗記》中由於土地公出現，將狗屍變成人屍，因而能促成兄弟復合。

3.危機解決方式並不是都化險為夷，兩者是相同的，在《玉茗堂四夢》方面，有悲慘結果如病重而死、遣返回鄉等，總數量有 15 個危機，其中喜劇結果有 9 個，6 個為悲劇結果。而在四大南戲有 18 個危機，其中喜劇結果有 16 個，2 個為悲劇結果。相較之下，四大南戲的喜劇結果較多，多出 7 個。

4.每齣戲安排戲劇危機數量，《玉茗堂四夢》每一齣戲介於 3 至 5 個之間，四大南戲則在 3 至 6 個之間，兩者差距不大。

5.在戲劇危機強度方面，《玉茗堂四夢》戲劇危機類別中除美色誘惑及丞相招婿外，其危機都會影響劇中人物的性命，其危機強度很高；四大南戲方面，戲劇危機類別中除丞相招婿、勸婚再娶及夫妻分離外，其他的危機都會影響劇中人物的性命，其危機強度很高，兩者是相同的。

6.在戲劇危機出現時機安排方面，《玉茗堂四夢》總共

15 個，其中有 9 個出現在戲的前半段，四大南戲方面，戲劇危機總共 18 個，其中有 10 個出現在戲的前半段，顯見積極鋪排戲劇危機將增加戲劇張力。

7.在戲劇衝突與戲劇危機關係方面，《玉茗堂四夢》藉靠戲劇的衝突產生也引發戲劇的危機，以在異族作亂的部份為例，在《還魂記》造成杜太守與溜金王的衝突，引發異族作亂的危機，在《南柯記》南柯太守與檀蘿國四太子的衝突，引發戰爭的危機，在《邯鄲記》盧生與悉那邏將軍衝突，也引發戰爭的危機，在《紫釵記》造成李益與吐蕃衝突，同樣的引發戰爭的危機。在四大南戲方面，以陰謀設陷部份為例，在《荊釵記》孫汝權將家書改為休書，然後賄絡錢玉蓮後母逼婚，造成錢玉蓮與孫汝權的衝突，也引發錢玉蓮投江自殺的危機；在《白兔記》中，劉知遠與洪一的衝突，也引發劉知遠可能遭瓜精吃掉的危機；在《幽閨記》中陀滿海牙遭陷家族被迫害，陀滿興福逃亡，造成陀滿興福與聶賈列衝突，也引發陀滿興福被捕遭害的危機；在《殺狗記》中孫華派僕人謀殺孫榮，造成孫華與孫榮的衝突，也引發孫榮被殺的危機。因此由兩者比較，可以發現戲劇衝突與戲劇危機有密切的關係。

第六章　《玉茗堂四夢》戲劇危機與清傳奇戲劇危機之比較

第一節　《長生殿》、《桃花扇》、《冬青樹》、《清忠譜》戲劇危機分析

　　擴及清傳奇的其他劇本，研究分析清傳奇之戲劇危機的類別、戲劇危機的解決方式，與《玉茗堂四夢》有何異同？因此選擇四個清傳奇劇本《長生殿》、《桃花扇》、《冬青樹》、《清忠譜》來加以比較。

一、《長生殿》：

　　（一）劇作家簡介：洪昇，字昉思，號稗畦，浙江錢塘人，清順治二年至康熙四十三年，二十四歲洪昇到北京國子監肄業，意在求取功名，並不如意，康熙二十七年完成《長生殿》，立即引起強烈反應，成為普遍演出劇本，康熙二十八年發生了所謂「國服未除」，因演唱《長生殿》而被彈劾的有名公案，正所謂「可憐一齣長生殿，斷送功名到白

頭」，事後不久乘船訪友歸途中，因酒後不慎落水而死。[1]

　　（二）故事大綱：唐明皇見宮女楊玉環，德性溫和豐姿秀麗，於是冊封貴妃並送金釵鈿盒定情，貴妃作夢魂遊月宮並作「霓裳羽衣曲」，貴妃舞之，明皇更爲喜愛，惜明皇沉迷聲色，朝政混亂，叛將安祿山作亂，攻打京城，明皇與貴妃逃亡，至馬嵬驛御林軍不再前進，明皇在陳元禮的威逼下，殺楊國忠後再賜貴妃自盡，貴妃死後在織女星協助下重返月宮成爲神仙，安祿山後遭其親信李豬兒謀刺，叛軍也歸降郭子儀，平亂後，明皇更思念貴妃，請道士尋貴妃鬼魂，後經織女星協助，八月十五日中秋，明皇與貴妃在月宮團圓。

　　（三）情節大綱：

第一齣　傳概　故事大綱。

第二齣　定情　唐明皇冊封楊貴妃並送金釵定情。

第三齣　賄權　安祿山賄絡楊國忠脫罪保命。

第四齣　春睡　唐明皇與楊貴妃情深意濃。

第五齣　禊游　唐明皇與楊貴妃遊曲江。

第六齣　傍訝　楊貴妃爭風吃醋。

第七齣　倖恩　貴妃驕縱唐明皇不滿將其趕回丞相府。

第八齣　獻髮　高力士從中穿針引線讓貴妃送髮來串情。

第九齣　復召　高力士力勸唐明皇於是貴妃回宮。

第十齣　疑讖　郭子儀預測安祿山叛變。

---

1 張庚 郭漢城：《中國戲曲通史》第三冊（台北：丹青出版社，1985年），頁 179。

第十一齣　聞樂　嫦娥引貴妃夢魂聽霓裳羽衣曲。

第十二齣　製譜　貴妃製霓裳羽衣曲譜並邀唐明皇共賞。

第十三齣　權鬨　楊國忠與安祿山不和，唐明皇命安祿山爲
　　　　　　　　范陽節度使。

第十四齣　偷曲　李暮偷聽霓裳羽衣曲。

第十五齣　進果　使臣進貢荔枝，沿途踩死民眾及踩壞農田。

第十六齣　舞盤　楊貴妃生日在長生殿慶生並演霓裳羽衣曲。

第十七齣　合圍　安祿山藉打獵操兵準備謀反。

第十八齣　夜怨　梅妃再度受寵愛，楊貴妃氣憤。

第十九齣　絮閣　楊貴妃至梅妃宮中找唐明皇。

第二十齣　偵報　郭子儀擔心安祿山謀反。

二十一齣　窺浴　楊貴妃與唐明皇華清池共浴。

二十二齣　密誓　楊貴妃與唐明皇發誓永不相離。

二十三齣　陷關　安祿山叛變打敗潼關守將哥舒翰。

二十四齣　驚變　楊貴妃與唐明皇飲宴歡樂，安祿山打入長安。

二十五齣　埋玉　御林將軍陳元禮殺楊國忠，再逼皇上殺楊
　　　　　　　　貴妃，貴妃無奈只得自殺馬鬼驛。

二十六齣　獻飯　扶風野老獻麥飯給皇上同時也諫忠言。

二十七齣　冥追　貴妃鬼魂四處飄盪。

二十八齣　罵賊　樂工雷海青向安祿山諫言反被殺。

二十九齣　聞鈴　唐明皇避雨劍閣內，聞鈴聲及雨聲傷心不已。

第三十齣　情悔　貴妃鬼魂內心傷痛對天哀禱。

三十一齣　剿寇　郭子儀起兵討伐安祿山。

三十二齣　哭像　唐明皇做貴妃雕像入廟供奉。

三十三齣　神訴　織女星協助貴妃復歸仙位。

三十四齣　刺逆　安祿山遭其親信李豬兒謀刺而死。

三十五齣　收京　郭子儀收回京城。

三十六齣　看襪　王嬤嬤因拾得貴妃錦襪在其酒舖展示。

三十七齣　屍解　玉皇大帝下令讓貴妃屍解升天重回仙院。

三十八齣　彈詞　鷲峰寺大會李龜年及李暮談及宮廷往事。

三十九齣　私祭　逃難出宮的永新及念奴祭拜貴妃。

第四十齣　仙憶　貴妃在仙院思念唐明皇。

四十一齣　見月　唐明皇見明月思念楊貴妃。

四十二齣　驛備　驛丞受唐明皇之命安排厚葬貴妃事宜。

四十三齣　改葬　啟墳改葬發現貴妃玉體不見，唐明皇傷心。

四十四齣　慫合　織女協助明皇與貴妃再會前緣。

四十五齣　雨夢　唐明皇思念貴妃面對苦雨及愁燈淒涼不已。

四十六齣　覓魂　道士做法事尋貴妃鬼魂未果。

四十七齣　補恨　織女從中安排將明皇與貴妃在月宮見面。

四十八齣　寄情　道士傳達明皇對貴妃的思念之情。

四十九齣　得信　明皇見道士帶回之釵盒興奮不已。

第五十齣　重圓　明皇與貴妃在月宮團圓。

（四）戲劇危機發生原因及解決方式：

1.爭風吃醋：楊貴妃爭風吃醋，貴妃驕縱唐明皇不滿將其趕回丞相府，貴妃失去成為皇后的機會，而其戲劇危機解決方式則是高力士從中穿針引線讓貴妃送髮來串情，讓唐明皇回心轉意。

2.叛將作亂：安祿山叛變打敗潼關守將哥舒翰，並要打

入長安，而其戲劇危機解決方式則是唐明皇逃難。

3.部屬逼殺：御林將軍陳元禮殺楊國忠，再逼皇上殺楊貴妃，而其戲劇危機解決方式則是貴妃無奈只得自殺馬鬼驛。

4.諫言被殺：樂工雷海青向安祿山諫言，而其戲劇危機解決方式則是雷海青被殺。

5.陰謀設陷：安祿山其子安慶緒爲得權位，與安祿山親信李豬兒密謀陷害安祿山，而其戲劇危機解決方式則是安祿山遭李豬兒謀刺而死。

6.尋妻未果：唐明皇傷心啓墳改葬貴妃，卻發現玉體不見，而其戲劇危機解決方式則是經由織女的協助，明皇與貴妃在月宮團圓。

二、《桃花扇》：

（一）劇作家簡介：孔尙任字季重，號東塘，自稱雲亭山人，山東曲阜人，孔子六十四代孫，父親孔貞璠，隱居不仕，他亦學習父親，雖然清廷開設博學鴻儒科，他卻隱居於雲亭山，在此期間研究禮樂兵農，並寫有《律呂管見》一書，而會作《桃花扇》，由於其舅秦光儀轉述曾任弘光朝刑部主事孔尙則之目睹事件。康熙二十三年，皇帝經過山東到曲阜祭祀孔廟，孔尙任負責祭祀及接待工作，深受皇帝賞識，被封爲「國子監博士」，但皇帝只利用其孔門後裔之身份，籠絡漢族，於是被冷落，後被派往疏浚黃河前後三年半，在此段期間見官員貪污腐化，人民痛苦，同時在此段期間，認識不少明朝遺老，蒐集不少資訊。他是詩人也是金石

家，其詩集有《湖海集》，收五、七言絕句律詩千餘首，他與朋友顧彩，一起見了特殊樂器小忽雷，而寫了《小忽雷傳奇》。[2]

（二）故事大綱：復社名士侯朝宗在其與秦淮名妓李香君新婚之際，受阮大鋮大批餽贈，然李香君認為阮大鋮依附權奸，心懷不軌，於是將禮物退回，因而得罪阮大鋮，遂被陷害遭指控說侯朝宗與叛將勾結，於是侯朝宗被迫離開新婚妻子，前往投靠史可法，阮大鋮繼續迫害李香君，強迫將其改嫁漕撫田仰，香君不從，撞牆自盡，鮮血沾滿香扇，蘇崑生配合血點繪成桃花扇，香君託其送給侯朝宗，而李貞麗見義勇為，願替香君代嫁漕撫田仰，解除危機；後侯朝宗返回南京尋找香君，但香君已被徵召入宮，夫妻無法見面，此時侯朝宗又遭陷害，說其與叛黨復社勾結，被捕入獄，後明朝敗亡，香君與侯朝宗在棲霞山碰面，兩人覺得國破家亡，愛情又有何意義？於是兩人均出家修行。

（三）情節大綱：

試一齣　先聲　副末開場講述故事大綱。

第一齣　聽裨　侯朝宗與朋友談及流寇將逼近京城。

第二齣　傳歌　李香君得知侯朝宗欲尋名妓消息。

第三齣　鬨丁　復社人士毆打阮大鋮，說其陷害忠良。

第四齣　偵戲　阮大鋮新戲「燕子箋」演出，阮大鋮打探觀者反應。

2 張庚 郭漢城：《中國戲曲通史》第二冊（台北：丹青出版社，1985年），頁160。

第五齣　訪翠　侯朝宗訪李香君，兩人見面定情。

第六齣　眠香　侯朝宗贈李香君香扇。

第七齣　卻奩　阮大鋮為討好復社之侯朝宗，贈送嫁妝，但李香君不恥阮大鋮為人，將嫁妝退回。

第八齣　鬧榭　復社人士船上聚會，並欣賞秦淮河美景。

第九齣　撫兵　左良玉率軍欲返南京，就近取糧。

第十齣　修札　侯朝宗致書左良玉，請其退軍，不要進駐南京。

第十一齣　投轅　柳敬亭將書函轉交左良玉，並告知統兵章法。

第十二齣　辭院　侯朝宗遭陷害，只得別離妻子逃難。

第十三齣　哭主　流寇作亂，崇禎皇帝自縊煤山。

第十四齣　阻奸　侯朝宗投奔史可法，並力阻不可立福王。

第十五齣　迎駕　馬士英與阮大鋮迎福王，並準備請功領賞。

第十六齣　設朝　福王稱帝，皇上封功。

第十七齣　拒媒　田仰升漕撫欲娶香君，但香君堅拒。

第十八齣　爭位　史可法與四鎮研商討賊，卻因奪權位而爭吵。

第十九齣　和戰　四鎮相互廝殺。

第二十齣　移防　史可法調兵遣將守住江北。

閏二十齣　閒話　老官人張薇講述京城情形。

加二一齣　孤吟　副末開場，下半場之家門。

二十一齣　媚座　馬士英當朝縱情享樂。

二十二齣　守樓　香君立志守節，堅拒強娶，撞頭血染香扇。

二十三齣　寄扇　蘇崑生配合血點，畫成桃花扇。

二十四齣　罵筵　李香君痛罵馬士英阮大鋮為「鳴鳳記」中的奸臣。

二十五齣	選優	弘光帝不管朝政，只關心「燕子箋」演出事。
二十六齣	賺將	高傑遭許總兵設計被謀殺而死。
二十七齣	逢舟	蘇崑生落水遭救，遇侯朝宗轉交桃花扇。
二十八齣	題畫	侯朝宗返回媚香樓欲尋李香君未果。
二十九齣	逮社	復社人士聚會卻被逮。
第三十齣	歸山	張薇為解救復社人士，捨官救人上山避難。
三十一齣	草檄	左良玉聲討阮大鋮，上書皇帝。
三十二齣	拜壇	奸臣祭拜崇禎皇帝後，仍然花天酒地。
三十三齣	會獄	侯朝宗與柳敬亭在獄中相見，兩人感嘆不已。
三十四齣	截磯	左良玉兵敗，而其子又叛變，討賊志業無法完成。
三十五齣	誓師	史可法死守揚州城。
三十六齣	逃難	馬士英與阮大鋮逃難，被亂民毒打洗劫。
三十七齣	劫寶	弘光皇帝被劫走，將軍黃得功拔劍自刎。
三十八齣	沉江	揚州城失守，史可法跳江而死。
三十九齣	棲真	李香君前往棲霞山葆真庵居住。
第四十齣	入道	侯朝宗與李香君在棲霞山相見，兩人覺得國難未了，於是兩人均出家修行。
續四十齣	餘韻	柳敬亭與蘇崑生隱居山林，遠避政爭。

（四）戲劇危機發生原因及解決方式：

1.陰謀設陷：阮大鋮為討好復社之侯朝宗，贈送嫁妝，但其妻李香君不恥阮大鋮為人，將嫁妝退回，因而得罪阮大鋮，於是遭其陰謀設陷說侯朝宗謀反，而其戲劇危機解決方式則是別離妻子逃難。

2.美色遭害：田仰升遭撫欲娶香君，而其戲劇危機解決方式則是香君立志守節，堅拒強娶，撞頭血染香扇，後由他人代嫁。

3.陰謀設陷：高傑遭許總兵設計藉歡宴之名卻安排謀殺，而其戲劇危機解決方式則是高傑遭弓箭射死。

4.黨派鬥爭：復社人士聚會卻遭魏黨爪牙發現被捕，而其戲劇危機解決方式則是張薇為解救復社人士，捨官救人，將所有人釋放，自己上山避難。

5.異族作亂：史可法死守揚州城抵禦清軍攻擊，而其戲劇危機解決方式則是揚州城失守，史可法跳江而死。

6.夫妻分離：侯朝宗與李香君歷經苦難在棲霞山相見，原以為有大團圓結局，而其戲劇危機解決方式則是兩人覺得國難未了，於是兩人均出家修行。

三、《冬青樹》：

（一）劇作家簡介：蔣士銓字辛畬，號清容，別署離垢居士、藏園主人、鉛山倦客，雍正三年出生乾隆五十年過世，享年六十一歲，乾隆二十二年中進士，任纂修官八年，後又在揚州安定書院講學，前後十五年，母死後入京，充國史修撰，三年後因病過世，作品有《忠雅堂詩集》、《忠雅堂文集》、《冬戲曲清容外集》。[3]

他是一個有獨特風格的詩人，他的詩學對其戲曲創作的影響亦極為深刻，梁廷枏和李調之在其《曲話》中，對蔣氏

---

3 周妙中：《蔣士銓戲曲集》（台北：中華書局，1970 年），頁 1。

戲曲創作與詩歌素養關係及藏園九種曲的藝術特色，進行過很好的分析，梁氏指出「蔣心餘太史九種曲，吐屬清婉，自是詩人本色，不以才使氣爲能，故近數十年作者，亦無以尙之」，李氏則謂「鉛山編修蔣士銓曲不似笠翁，以腹有詩書，一味優伶，故於隨手拈來語也」。[4]

（二）故事大綱：

全劇敘述文天祥力圖抗元挽回大宋王朝，惜諸臣爲求生叛降，文天祥力戰仍然被擒，祥興皇帝跳海殉國，元丞相力勸文天祥降順，但文天祥堅拒，歷經苦難完成正氣歌，由於文天祥原爲神龍轉世，因此被處死後，化爲神龍一飛沖天，另文天祥副將謝枋得亦不願投降爲官，於是絕食而死，他亦成爲神明，兩人共同審問南宋奸相，將其打入地獄。

（三）情節大綱：

第一齣　提綱　講述故事大綱。

第二齣　勤王　文天祥受命招軍買馬抵禦外患。

第三齣　畫壁　元軍將攻入杭州，趙王孫仍然長廊作畫，不顧危機。

第四齣　留營　文天祥與元將談和。

第五齣　寫像　謝太后請畫士爲其繪像，因其擔心國之將亡。

第六齣　急遁　國難當頭宰相陳宜中奔逃，無人抵禦外侮。

第七齣　納款　湖州太守變節投降。

第八齣　辭宮　皇后降爲奴婢，被解往燕京。

---

4 王永健：《湯顯祖與明清傳奇研究》（台北：志一出版社，1995年），頁 291。

第九齣　　賣卜　戰爭無情謝枋得與妻別離，後得知妻爲貞節
　　　　　　　　　自殺。

第十齣　　發陵　皇室寶物被劫一空。

第十一齣　收骨　義士唐鈺搶救皇陵屍骨葬於蘭亭山，並種
　　　　　　　　　冬青樹爲標幟。

第十二齣　局逃　文天祥爲救宋反元，搭船逃走。

第十三齣　得朋　文天祥與真州統帥苗再成研商復國之計。

第十四齣　疑逐　文天祥遭陷害被疑爲間諜，只得再度流亡。

第十五齣　題驛　昭儀王后與宮女被遣往北朝。

第十六齣　航海　文天祥再輔佐新皇帝。

第十七齣　私葬　溫州林景熙協助皇帝安葬。

第十八齣　夢報　義士唐鈺夢境成真，善有善報獲田產及妻子。

第十九齣　開府　謝翱投奔文天祥協力抗元。

第二十齣　轉戰　文天祥兵敗被擒。

二十一齣　崖山　祥興皇帝投海而亡。

二十二齣　和驛　文天祥被遣往北朝經驛站見皇后詩哀傷。

二十三齣　生祭　王炎午寫文天祥丞相祭文沿途張貼。

二十四齣　抗節　元丞相博羅勸文天祥投降。

二十五齣　守正　宋太后全氏剪髮出家爲尼。

二十六齣　小樓　張千載攜酒食來見文天祥，並告知其家人
　　　　　　　　　訊息。

二十七齣　浩歌　文天祥寫正氣歌。

二十八齣　神迓　龍王出現講述文天祥原爲應龍將返天位。

二十九齣　柴市　文天祥被處斬後化爲應龍。

第三十齣　卻聘　文天祥副將謝枋得拒絕爲官。

三十一齣　遇婢　文陞遇綠荷女婢，得知母親居住樓真觀內。

三十二齣　餓殉　謝枋得絕食而死，因其忠勇鬼魂成爲憫忠寺主。

三十三齣　碎琴　琴師汪水雲得歸故里與皇后辭行。

三十四齣　野哭　王炎午至柴市收拾文天祥齒髮，然後安排祭祀。

三十五齣　歸襯　文天祥原爲黑龍，再返故里潭中。

三十六齣　庵祭　文天祥子文陞終能與其母親團圓。

三十七齣　西臺　王炎午等搭船遊西台遇文天祥、謝枋得英靈。

三十八齣　勘獄　文天祥與謝枋得審南宋奸相秦檜等給與懲罰。

　　分析其戲劇危機發生原因及解決方式分別是：

　　一、異族作亂：元軍作亂，文天祥受命招軍買馬抵禦外患，而其戲劇危機解決方式則是宰相陳宜中奔逃、湖州太守變節投降及文天祥與元將談和反被捕。

　　二、陰謀設陷：文天祥與真州統帥苗再成研商復國之計，但卻遭陷害被疑爲間諜，而其戲劇危機解決方式則是文天祥再度流亡。

　　三、異族作亂：文天祥再輔佐祥興皇帝，謝翱投奔文天祥協力抗元，於是文天祥展開平亂戰爭，而其戲劇危機解決方式則是文天祥兵敗被擒，祥興皇帝投海而亡。

　　四、囚禁遭虐：文天祥關入地牢遭虐，元丞相博羅逼迫文天祥投降，而其戲劇危機解決方式則是文天祥拒絕後被處斬，化爲黑龍再返故里潭中。

五、拒絕招降：文天祥副將謝枋得也拒絕投降爲官，而其戲劇危機解決方式則是謝枋得絕食而死，因其忠勇，鬼魂成爲愍忠寺主。

四、《清忠譜》：

一、劇作家簡介：李玉，字玄玉，號蘇門嘯侶、一笠庵主人。蘇州吳縣人。相傳他所作傳奇有六十種之多，在明清傳奇作家中可謂首屈一指了。而他的著作長期盛演不衰，「言詞滿天下」達到家喻戶曉的地步，可是其身世資料非常少，僅散見於少量序跋和筆記中。題材豐富，而直接面對社會人生，有爲而發，是李玉傳奇作品主要特色，從題材劃分，這些作品可歸納爲時事劇、社會風情劇及歷史劇三大類。《清忠譜》是李玉所撰時事劇的代表作，描繪明末天啓年間東林黨人與魏忠賢閹黨集團的政治鬥爭，以及由此激起一場轟轟烈烈的市民運動。[5]

二、故事大綱：明末天啓年間，宦官魏忠賢專權，廣收黨羽，遍置鷹犬，大肆迫害東林黨人。吏部員外郎周順昌准假返里，居住蘇州衙門陋巷，生活清貧如洗卻嫉惡如仇，深恨魏閹。蘇州巡撫毛一鷺爲向魏忠賢討好，爲他在半塘建造「普惠生祠」，與朝廷宮殿一般，祠堂竣工，順昌前往怒氣塡膺，罵像斥奸。東林黨人魏大中被捕，押解其官船過蘇州，順昌登船拜會，並將女聘予大中孫兒爲妻。順昌偶得一夢，起復原官，仍居京邸，寫本面君，彈劾魏閹，帝准予正法。又見忠賢，用朝芴痛擊之，時聖旨下，以魏罪惡多端，

---

5 陳古虞點校：《李玉戲曲集》（上海：古籍出版社，2004 年），頁 1。

綁赴市曹斬首，順昌正興奮之際，隨即清醒。時毛一鷺上疏忠賢，魏大怒，乃將順昌崁入周起元案，降旨捉拿提問。

　　順昌前往家廟，拜別祖宗，昂然就逮。消息傳出，激起顏佩韋、楊念如、周文元、馬杰、沈揚五義士之憤，帶領百姓抱打不平，搭救順昌，一同去察院示威，並砍殺校尉，官府將順昌一日三處移置，次日秘密解至京師，受盡酷刑，不屈而死。義士宋完天，協助順昌之子葬父，毛一鷺飛章入奏，請旨屠城，幸賴徐如珂幹旋，只將為首正法，其餘免究。五義士為救蘇州百姓，挺身就逮，英勇就義。魏閹勢敗，於是自盡。東林黨人盡皆升遷，被害者贈官祭葬。蘇州百姓興高采烈，齊至半塘，拆毀魏賊祠堂，並將五義士合葬半塘。皇帝並表揚周順昌一門。[6]

　　三、情節大綱：

　　卷上　譜概　故事大綱

第一折　傲雪　吏部員外郎周順昌准假返里，生活清貧如洗，
　　　　　　　怨恨魏忠賢亂政，吳縣陳縣長前來拜訪，告知
　　　　　　　魏忠賢派內監李公將來蘇州徵稅，後又聽說文
　　　　　　　老爺因要彈劾魏忠賢，反遭削職。

第二折　書鬧　顏佩韋、楊念如、周文元、馬杰、沈揚五義
　　　　　　　士因聽說書而結盟。

第三折　述璫　周順昌探訪遭削職的好友文起，得知魏忠賢
　　　　　　　種種假傳聖旨陷害忠良的惡行。

<hr>

6 李修生主編：《古本戲曲劇目提要》（北京：文化藝術出版社，1997
　年），頁 396。

第四折　創祠　堂長陸萬齡授毛一鷺之命在半塘破土建造魏
　　　　　　　千歲生祠。

第五折　締姻　魏廓園被捕，押解其官船過蘇州，順昌登船
　　　　　　　拜會，一來文章聲氣，重新百世婚姻，二
　　　　　　　來患難死生，依舊一家骨肉，於是將女兒
　　　　　　　聘予魏廓園孫兒為妻。

第六折　罵像　花費百萬錢糧的魏千歲生祠完工，周順昌至
　　　　　　　魏千歲生祠痛罵，卻遭毛一鷺上書魏忠賢
　　　　　　　陷害。

第七折　閨訓　周順昌夫人得知其女下嫁魏廓園孫兒為妻，
　　　　　　　而丈夫又至魏千歲生祠痛罵，擔心未來會
　　　　　　　遭受禍害。

第八折　忠夢　順昌作夢，寫本面君，彈劾魏閹，帝准予正
　　　　　　　法。魏罪惡多端，綁赴市曹斬首，順昌正
　　　　　　　興奮之際，隨即清醒。

第九折　就逮　毛一鷺上疏忠賢，魏大怒，乃將順昌崁入周
　　　　　　　起元案，降旨捉拿提問，雖然吳縣陳縣長
　　　　　　　提前告知因應，但順昌仍然前往家廟，拜
　　　　　　　別祖宗，昂然就逮。

第十折　義憤　周順昌被捕，顏佩韋等英雄好漢聚集，懇求
　　　　　　　官府釋放。

第十一折　鬧詔　百姓抱打不平搭救順昌，但示威不成於是
　　　　　　　　砍殺校尉。

第十二折　哭追　周順昌之子周茂蘭追到船上見父一面，後

遭校尉丟到岸邊。

　　卷下

第十三折	捕義	顏佩韋等英雄遭設計被蘇州府堂快手逮捕。
第十四折	陰昊	毛一鷺飛章入奏，士民倡亂，毆死官旗，請旨屠城，徐如珂幹旋，只將為首正法，其餘免究。
第十五折	叱勘	周順昌受審時已受盡酷刑，並眼見魏廓園受刑至死，然見魏賊時，仍罵欺君虐民殘害忠良，於是遭打斷牙齒還押。
第十六折	血奏	周茂蘭寫血書欲見其父反遭驅打，幸徐如珂協助伺機安排。
第十七折	囊首	周茂蘭假扮更夫進監見父，父子相見報頭痛哭，殊不知魏賊派人進監謀殺，周茂蘭親眼見到父親死亡。
第十八折	戮義	顏佩韋等義士遭處死。
第十九折	泣遣	周茂蘭告知母親在京城經過，並將其妹送往魏家成親。
第二十折	魂遇	顏佩韋等英雄已成為鬼魂遇周順昌鬼魂，原本要上京報仇，但天曹來到賜其為應天城隍，顏佩韋等英雄成為城隍的部下。
二十一折	報敗	皇帝已死，信王即位，魏賊遭罷自殺而死，其爪牙遭株連。
二十二折	毀祠	魏千歲生祠遭憤怒民眾搗毀。
二十三折	弔墓	眾人親屬祭拜周順昌及五義士。

二十四折　鋤奸　魏賊爪牙倪文煥、許顯純遭審，被鞭打及
　　　　　　　　處死。

二十五折　表忠　皇帝獎勵忠臣，周順昌追贈太常寺卿，妻
　　　　　　　　封爲淑人，子茂蘭進京編修國史。

　　分析其戲劇危機發生原因及解決方式分別是：

　　一、觸犯當權：花費百萬錢糧的魏千歲生祠完工，周順
昌至魏千歲生祠痛罵，因此周順昌得罪魏忠賢，而其戲劇危
機解決方式則是周順昌被捉受盡酷刑，遭魏賊派人進監謀殺
而死。

　　二、聚眾示威：周順昌被捕，顏佩韋等英雄好漢聚集，
懇求官府釋放，之後又砍殺校尉，毛一鷺飛章入奏，士民倡
亂，毆死官旗，請旨屠城，而其戲劇危機解決方式則是顏佩
韋等義士被捉遭處死。

　　三、鬼魂復仇：顏佩韋等英雄已成爲鬼魂遇周順昌鬼
魂，原本要上京報仇，而其戲劇危機解決方式則是信王即
位，魏賊遭罷自殺而死，魏賊爪牙倪文煥、許顯純遭審，被
鞭打及處死。

第二節　《長生殿》、《桃花扇》、《冬青樹》、《清忠譜》戲劇危機與《玉茗堂四夢》戲劇危機之比較

　　《長生殿》、《桃花扇》、《冬青樹》、《清忠譜》四

齣清傳奇，其危機類別，計有爭風吃醋、叛將作亂、部屬逼殺、諫言被殺、陰謀設陷、尋妻未果、美色遭害、黨派鬥爭、異族作亂、夫妻分離、囚禁遭虐、拒絕招降、觸犯當權、聚眾示威、鬼魂復仇等 15 個類別，總數量有 19 個，戲劇危機一覽表詳如附錄九。

加以歸納分析有下述幾個特點：

1.其中 3 齣戲都有陰謀設陷危機，運用總數量有 4 個，尤其在《桃花扇》中，出現 2 個。至於危機解決方式，都是悲劇結果，包含安祿山遭李豬兒謀刺而死、侯朝宗為求活命只得逃離、高傑遭弓箭射死、文天祥再度流亡。

2.其中 3 齣戲都有運用神明解救化解危機，包含《長生殿》中，織女協助明皇與貴妃在月宮團圓；在《多青樹》中，龍王出現將被處斬的文天祥化為應龍返回天位；《清忠譜》中，顏佩韋等英雄已成為鬼魂，天曹來到賜其為應天城隍，顏佩韋等英雄成為城隍的部下。

3.危機解決方式多為悲劇的結果，包含被捕謀殺、絕食而死、別妻逃難等，就總數量來分析 19 個危機，其中喜劇結果有 3 個，16 個為悲劇結果。

4.戲劇危機數量安排，每一齣戲介於 3 至 6 個之間。

5.出現最多戲劇危機類依序分別是陰謀設陷（4 個）、異族作亂（2 個）、部屬逼殺（1 個）、諫言被殺（1個）、夫妻分離（1 個）、尋妻未果（1 個）、美色遭害（1 個）、黨派鬥爭（1 個）、叛將作亂（1 個）、囚禁遭虐（1 個）、拒絕招降（1 個）、觸犯當權（1 個）、聚眾

示威（1個）、鬼魂復仇（1個）、爭風吃醋（1個）。

　　6.戲劇危機類別中除尋妻未果、爭風吃醋及夫妻分離外，其他的危機都會影響劇中人物的性命，其危機強度很高。

　　7.戲劇危機總共 19 個，其中有 9 個出現在戲的前半段，有 10 個放在戲的後半段，平均鋪排戲劇危機增加戲劇張力。

　　8.藉靠戲劇的衝突引發戲劇危機，以陰謀設陷部份為例，在《長生殿》中，安祿山其子安慶緒為得權位，與安祿山親信李豬兒密謀陷害安祿山，造成安慶緒與安祿山的衝突，也引發安祿山被害的危機；在《桃花扇》中，侯朝宗得罪阮大鋮，於是遭其陰謀設陷說謀反，造成侯朝宗與阮大鋮的衝突，也引發侯朝宗可能被捕處死的危機；在《冬青樹》中文天祥與真州統帥苗再成研商復國之計，但卻遭陷害被疑為間諜，造成文天祥與苗再成衝突，也引發文天祥被捕殺害的危機。

　　如果與《玉茗堂四夢》之戲劇危機加以比較，歸納分析有下述幾點：

　　1.在戲劇危機類別方面，相同的有陰謀設陷、異族作亂、觸犯當權，其餘均不同，在《玉茗堂四夢》有異族作亂、難癒疾病、生死抉擇、搭船落水、喝酒誤事、誤解冤屈、觸犯當權，而在清傳奇有爭風吃醋、叛將作亂、部屬逼殺、諫言被殺、尋妻未果、美色遭害、黨派鬥爭、夫妻分離、囚禁遭虐、拒絕招降、聚眾示威、鬼魂復仇。

2.在運用神明解救化解危機方面，兩者都有運用，在《玉茗堂四夢》方面，如《還魂記》有藉靠神明解救讓杜麗娘死而復活；而在清傳奇的四齣戲中，其中 3 齣戲都有運用，如《長生殿》中，織女協助明皇與貴妃在月宮團圓。

3.危機解決方式並不是都化險為夷，兩者是相同的，在《玉茗堂四夢》方面，有悲慘結果如病重而死、遣返回鄉等，總數量有 15 個危機，其中喜劇結果有 9 個，6 個為悲劇結果。而在清傳奇四齣戲中有 19 個危機，其中喜劇結果有 3 個，16 個為悲劇結果。相較之下，《玉茗堂四夢》喜劇結果較多，多出 6 個。

4.每齣戲安排戲劇危機數量，《玉茗堂四夢》每一齣戲介於 3 至 5 個之間，清傳奇的四齣戲則在 3 至 6 個之間，兩者差距不大。

5.在戲劇危機強度方面，《玉茗堂四夢》戲劇危機類別中除美色誘惑及丞相招婿外，其他危機都會影響劇中人物的性命，其危機強度很高；清傳奇四齣戲方面，戲劇危機類別中除尋妻未果、爭風吃醋及夫妻分離外，其他的危機都會影響劇中人物的性命，其危機強度也很高，兩者是相同的。

6.在戲劇危機出現時機安排方面，《玉茗堂四夢》總共 15 個，其中有 9 個出現在戲的前半段，6 個在戲的後半段，清傳奇四齣戲方面，戲劇危機總共 19 個，其中有 9 個出現在戲的前半段，10 個放在後半段，平均鋪排，兩者略有不同。

7.在戲劇衝突與戲劇危機關係方面，《玉茗堂四夢》藉

靠戲劇的衝突產生也引發戲劇的危機，以在異族作亂的部份為例，在《還魂記》造成杜太守與溜金王的衝突，引發異族作亂的危機，在《南柯記》南柯太守與檀蘿國四太子的衝突，引發戰爭的危機，在《邯鄲記》盧生與悉那邏將軍衝突，也引發戰爭的危機，在《紫釵記》造成李益與吐蕃衝突，同樣的引發戰爭的危機。在清傳奇四齣戲方面，以陰謀設陷部份為例，在《長生殿》中，安祿山其子安慶緒為得權位，與安祿山親信李豬兒密謀陷害安祿山，造成安慶緒與安祿山的衝突，也引發安祿山被害的危機；在《桃花扇》中，侯朝宗得罪阮大鋮，於是遭其陰謀設陷說謀反，造成侯朝宗與阮大鋮的衝突，也引發侯朝宗可能被捕處死的危機；在《多青樹》中文天祥與真州統帥苗再成研商復國之計，但卻遭陷害被疑為間諜，造成文天祥與苗再成衝突，也引發文天祥被捕殺害的危機。因此由兩者比較，可以發現戲劇衝突與戲劇危機有密切的關係。

第七章 《玉茗堂四夢》戲劇危機與莎士比亞四大悲劇戲劇危機之比較

第一節　莎士比亞四大悲劇之戲劇危機分析

由於湯顯祖（1550-1616）與歐洲著名戲劇家莎士比亞（1564-1616）生存年代相近，因此以其劇本戲劇危機運用的方式來相互比較，觀察不同的地理及文化環境，其創作戲劇在危機運用有何不同？

威廉莎士比亞被普遍承認是伊麗莎白時代劇作家中最偉大的一位，到了 1590 年他已在倫敦成名，1599 年他也是環球劇院的主權人。身爲主權人、演員、導演、劇作家，他是當時最多才多藝的劇壇人物。[1]

莎士比亞其創作劇本很多，包含《馴悍記》、《皆大歡喜》、《李爾王》等，其莎士比亞劇本成功點在於戲劇本質浪漫，不受三一律限制，有主副情節安排，劇本內容豐富且

---

1 胡耀恆譯：《世界戲劇藝術欣賞》（台北：志文出版社，1974 年），頁 183。

有各種形式，有浪漫悲劇《羅密歐茱麗葉》、浪漫喜劇《仲夏夜之夢》等，戲劇人物創造 400 多個，每個人物都有個性，並有其代表性，台詞都深具涵義，劇中有主題思想，告知人不可忌妒、權力薰心等，同時也爲觀衆而寫，高雅低俗均能吸引觀衆。

由於莎士比亞劇作很多，因此挑選其著名四大悲劇《哈姆雷特》《李爾王》《奧賽羅》《馬克白》，來加以分析其戲劇危機之運用：

一、《哈姆雷特》：

（一）故事大綱：

三次了，丹麥先王的鬼魂在愛爾辛諾的城堡上潛行。在第四個晚上，哈姆雷特朋友何瑞修，將年輕的王子哈姆雷特帶來，要他看看其死去兩個月父親的鬼魂。

爲父親的死，哈姆雷特傷心欲絕，再加上母親下嫁叔父克勞底阿斯，哈姆雷特總覺得此事不合時宜。

那天晚上，哈姆雷特看見父親的鬼魂，他得知父親並不是被毒蛇咬死，而是被克勞底阿斯所謀殺，鬼魂並且補充說，克勞底阿斯不僅犯了殺人罪，也犯了亂倫及通姦罪，鬼魂要哈姆雷特留意，復仇時可以饒恕母親葛楚德，上天自會懲罰她。

克勞底阿斯不喜歡哈姆雷特憂傷樣子，他知道哈姆雷特憎恨他和葛楚德迅速結婚的事，他也擔心哈姆雷特會將王位奪走，哈姆雷特離奇行爲及粗野談吐，克勞底阿斯以爲他瘋了，爲了探知哈姆雷特失常原因，他派吉頓斯坦及羅珊克蘭

茲去偵查王子的行徑。

　　有一個劇團來到愛爾辛諾，哈姆雷特想到一個計策，可以藉他們探知克勞底阿斯是否殺了父親，他計畫這些演員要在御前演一場戲，這場戲的內容就是鬼魂所說的，哈姆雷特要在演出中，注意克勞底阿斯，是否有犯罪反應。

　　他的計畫生效，在演出中，克勞底阿斯顯得心神不寧，在戲沒有結束前，就激動地走出去，哈姆雷特深信鬼魂所說不假，他沒有理由再拖延執行亡父的願望。

　　雖然他已下定決心，但他看見克勞底阿斯跪著祈禱，他可以從背後用劍將他刺殺，但是哈姆雷特認為國王正誠心祈禱，若將他殺死，他會得到上帝的恩赦，因此便沒有下手。

　　王后將哈姆雷特召喚到臥室，要申斥他侮辱克勞底阿斯的事。這時哈姆雷特聽到簾幕後有聲響，便懷疑克勞底阿斯在偷聽，就拔劍刺透簾幕，結果殺死年老的普婁尼阿斯。克勞底阿斯恐哈姆雷特危及自己，便迅速命令哈姆雷特在吉頓斯坦及羅珊克蘭茲陪伴下前往英國，同時帶著一道令狀，要英國殺死哈姆雷特。但是哈姆雷特發現這道命令，並且將其改變內容，要英國方面殺死吉頓斯坦及羅珊克蘭茲，而哈姆雷特又逃回丹麥。

　　在哈姆雷特離開丹麥這段時間裡，有許多不愉快的事情發生。女友奧菲里阿因遭哈姆雷特遺棄及父親普婁尼阿斯被殺，刺激過深而發瘋，後來掉在河裡淹死了。

　　而普婁尼阿斯兒子賴蒂斯也從法國返回要報仇，克勞底阿斯說服賴蒂斯參與陰謀殺死哈姆雷特。

克勞底阿斯為哈姆雷特和賴蒂斯安排一場比劍，而賴蒂斯劍尖上了毒藥，並且準備一杯毒藥，如果哈姆雷特比劍口渴時喝下就會毒死。不幸，葛楚德在不知國王陰謀情形下，把毒藥喝了中毒身亡。在比劍中，哈姆雷特中了賴蒂斯的毒劍，在混亂中，賴蒂斯也被毒劍所傷，致命毒藥立刻發作，賴蒂斯在臨死前悔恨交集，告訴哈姆雷特這一切都是克勞底阿斯所安排，哈姆雷特毫不猶疑把握機會，一劍刺死國王。然後哈姆雷特自己也死了。不過，鬼魂的仇已報成了。[2]

（二）情節大綱：

第一幕

　　第一景　哈姆雷特父親鬼魂在城堡上出現。

　　第二景　哈姆雷特朋友何瑞修告知鬼魂事，哈姆雷特感覺父親死有陰謀。

　　第三景　普婁尼阿斯提醒要前往法國兒子賴蒂斯做人處事方法。

　　第四景　哈姆雷特父親鬼魂在城堡召喚哈姆雷特。

　　第五景　哈姆雷特父親鬼魂告知其死亡係遭其叔父設計陷害而死，希望哈姆雷特能夠復仇。

第二幕

　　第一景　奧菲里阿告知其父親普婁尼阿斯哈姆雷特發瘋訊息。

---

2 李啓範：《世界文學名著欣賞大典》戲劇（台北：聯經公司，1977年），頁195。

　　第二景　哈姆雷特運用劇團的演出，排練其父遭害情節，藉以刺探兇手。

第三幕

　　第一景　哈姆雷特為復仇裝瘋不認女友奧菲里阿。

　　第二景　劇團的演出讓其叔父無法觀賞而離開。

　　第三景　哈姆雷特錯過殺死祈禱叔父的時機。

　　第四景　哈姆雷特反而殺死躲在布幔後偷聽的普婁尼阿斯。

第四幕

　　第一景　叔父決定將發瘋的哈姆雷特送走。

　　第二景　裝瘋的哈姆雷特面對監視者。

　　第三景　叔父將哈姆雷特送往英國，同時密函告知英國國王將哈姆雷特處死。

　　第四景　哈姆雷特遇前往攻擊波蘭的挪威軍隊，激發其復仇的意志。

　　第五景　奧菲里阿因父親死亡及哈姆雷特出走因而瘋狂，而賴蒂斯也要求報父仇。

　　第六景　哈姆雷特遇海盜船而脫逃。

　　第七景　叔父安排毒計讓哈姆雷特和賴蒂斯比劍，並在賴蒂斯劍尖上了毒藥只要劃傷，哈姆雷特必死無疑。

第五幕

　　第一景　哈姆雷特女友奧菲里阿因投河自殺，哈姆雷特參與其喪禮。

　　第二景　哈姆雷特和賴蒂斯比劍，叔父準備毒酒給哈姆雷特喝，但其母葛楚德在不知國王陰謀情形下，把毒酒喝了中毒身亡，在比劍中，哈姆雷特中了賴蒂斯的毒劍，在混亂中，賴蒂斯也被毒劍所傷，致命毒藥立刻發作，死前告知哈姆雷特這一切都是其叔父陰謀，哈姆雷特毫不猶疑把握機會，一劍刺死國王，但哈姆雷特也毒發而亡。

　　（三）分析其戲劇危機發生原因及解決方式分別是：

　　1.陰謀設陷：哈姆雷特父親遭其叔父謀害而死，哈姆雷特找尋原因，以戲中戲的方式演出其父遭害情節，其叔父驚恐，確認叔父為兇手，最後報仇成功。

　　2.自信錯殺：哈姆雷特確認叔父為兇手後，在其母親臥室，自信認為布幔後方就是其叔父，於是一劍刺去，結果死亡不是叔父，而是其女友父親普婁尼阿斯，哈姆雷特也成為殺人兇手，也成為別人復仇對象。

　　3.陰謀設陷：哈姆雷特叔父命吉頓斯坦陪同哈姆雷特前往英國，其行李中有寫給英國國王的信，希望能殺死哈姆雷特，幸好哈姆雷特提早發現，跳船逃命。

　　4.陰謀設陷：哈姆雷特叔父安排普婁尼阿斯之子賴蒂斯與哈姆雷特比武，以毒酒及毒劍陷害哈姆雷特，結果毒酒為其母誤喝毒發而亡，但哈姆雷特卻被毒劍劃傷而毒發死亡，不過死前卻將其叔父殺死。

二、《李爾王》：

（一）故事大綱：

李爾王由於溺愛孩子，決定把他的王國分給三個女兒。並且宣布每個女兒訴說對他的敬愛，他要根據她們的話，決定將國土分給他們做嫁妝。

剛乃綺身為長女，是阿班尼公爵夫人，她說她愛父親，比空間、自由、或者生命本身都有過之。瑞干是康瓦公爵夫人，宣稱她對父親的愛，已經由剛乃綺表示了。考地利亞曾私下表示，她的敬愛不是口舌所能盡言，她告訴父親，她對父親的愛在心中，不在嘴裡，真理是自明的，事實勝於雄辯。李爾王氣憤的告訴她，就讓真理做她的嫁妝，下令將本來給她的國土，分給剛乃綺和瑞干。

白根地公爵知道考地利亞失去嫁妝，就拒絕婚娶。法蘭西王因考地利亞美德更敬重她，要娶她為妻，但李爾王一點都不祝福他們的婚姻。

剛乃綺和瑞干經常口出不遜譏刺父親，李爾王知道自己對女兒仁慈，反使得自己無家可歸，而他女兒對他的辱罵更加速讓他精神錯亂。

格勞斯特伯爵喜愛自己兩個兒子，哀德蒙是私生子，假造一封信，上面有愛德加的簽名，說兒子不應該等待財富，否則年紀大了就無法享用，而哀德蒙也割傷自己說是被愛德加刺傷，於是愛德加被追捕。

瑞干成為寡婦愛上哀德蒙，而剛乃綺卻也非常忌妒，而阿班尼對李爾仁慈，更讓剛乃綺更討厭他，阿班尼希望匡正

剛乃綺、瑞干、哀德蒙所做的錯事。

李爾王在暴風雨中遊蕩，坎特假扮農夫前來相助，他們躲避風雨進了茅屋，格勞斯特出來尋找國王，催促他們去多汶，考地利亞和她的丈夫會保護他。

考地利亞溫柔照顧父親，李爾重新恢復理智認出考地利亞，李爾懊悔自己誤解對自己忠實的女兒。

哀德蒙指揮英軍將李爾和考地利亞俘虜，並將考地利亞吊死。而阿班尼後以叛國罪將哀德蒙逮捕，並讓愛德加與其決鬥，結果將哀德蒙被刺傷。而剛乃綺也毒死了瑞干，然後自殺。

李爾王抱著考地利亞屍體，衰老的李爾精疲力竭，在精神混亂中死了。愛德加和阿班尼要把經過流血和戰爭國家重新建設。[3]

（二）情節大綱：

第一幕

第一景　李爾王年事已高，決定把他的王國分給三個女兒，長女剛乃綺及二女兒瑞干都諂媚說出對父親的愛，均獲得豐富國土，三女兒考地利亞卻表明她對父親的愛在心中，不在嘴裡，因此無法獲得國土，也因此白根地公爵知道考地利亞失去嫁妝，就拒絕婚娶，但法蘭西王因考地利亞美德更敬重她，娶她為妻。

第二景　哀德蒙是私生子，卻假造一封信，陷害其兄愛

---

3 李啓範：《世界文學名著欣賞大典》戲劇（台北：聯經公司，1977年），頁218。

德加，說其要謀奪財產，於是其父親格勞斯特伯爵非常生氣。

第三景 長女剛乃綺無法忍受李爾王暴怒的行為。

第四景 弄臣告知李爾王分產是錯誤的決定，李爾王抱怨長女虐待他。

第五景 李爾王派出使者決定到二女兒處。

第二幕

第一景 哀德蒙又再陷害愛德加，自己刺傷自己卻嫁禍愛德加，於是愛德加被追捕。

第二景 李爾王使者到二女兒瑞干處反遭逮捕。

第三景 愛德加逃亡荒野。

第四景 二女兒瑞干不收留李爾王反請其回大女兒處，但長女剛乃綺也拒絕，於是李爾王自我放逐。

第三幕

第一景 李爾王侍臣談到其大女兒及二女兒因衝突準備戰爭。

第二景 李爾王在荒野遇暴風雨躲進茅棚。

第三景 格勞斯特伯爵決定救助李爾王。

第四景 李爾王在茅棚遇到愛德加。

第五景 哀德蒙告密康瓦其父協助李爾王，康瓦封哀德蒙為格勞斯特伯爵，並請其捉拿其父。

第六景 格勞斯特伯爵協助李爾王前往多汶。

第七景　格勞斯特伯爵被捉，康瓦挖去他的雙眼，但其僕人也刺傷康瓦。

第四幕

第一景　愛德加在荒野遇到失明的父親，協助他前往多汝。

第二景　康瓦流血過多過世，瑞干成為寡婦，又愛戀上哀德蒙。

第三景　李爾王躲在多汝附近的軍營。

第四景　考地利亞請醫生照顧李爾王。

第五景　奧斯瓦受剛乃綺之命送信給哀德蒙。

第六景　格勞斯特伯爵與李爾王路上相遇備感傷心，而奧斯瓦也遇到李爾王，愛德加為保護李爾王，殺死奧斯瓦，同時拿到剛乃綺的信，發現剛乃綺深愛著哀德蒙。

第七景　考地利亞與醫生持續照顧李爾王。

第五幕

第一景　愛德加將信送給剛乃綺的先生阿班尼公爵。

第二景　考地利亞兵敗與李爾王被俘。

第三景　阿班尼公爵將考地利亞與李爾王關入監獄，也將哀德蒙與剛乃綺逮捕，愛德加前來與哀德蒙決鬥刺傷哀德蒙，之後哀德蒙重傷而死，剛乃綺自知姦情暴露，毒殺瑞干後自殺，考地利亞在獄中被處死，而李爾王也哀傷而死。

（三）分析其戲劇危機發生原因及解決方式分別是：

1.拒絕虛偽：考地利亞卻表明她對父親的愛在心中，不在嘴裡的諂媚，因此無法獲得國土，且最後被謀害而死。

2.陰謀設陷：哀德蒙是私生子，卻假造一封信，陷害其兄愛德加，說其要謀奪財產，於是其父親格勞斯特伯爵非常生氣，之後哀德蒙又再陷害愛德加，自己刺傷自己卻嫁禍愛德加，於是愛德加被追捕，最後哀德蒙陰謀被發現，被愛德加刺死。

3.自我放逐：二女兒瑞干不收留李爾王反請其回大女兒處，但長女剛乃綺也拒絕，於是李爾王只有自我放逐，最後被捕後瘋狂力竭而死。

4.仗義被害：格勞斯特伯爵基於情感及正義，協助李爾王前往多汶，結果他被捉，且被康瓦挖去他的雙眼。

5.糾葛戀情：剛乃綺與瑞干同時愛戀上哀德蒙，最後剛乃綺丈夫知情，愛德加前來與哀德蒙決鬥刺傷哀德蒙，之後哀德蒙重傷而死，剛乃綺自知姦情暴露，毒殺瑞干後自殺。

三、《馬克白》：

（一）故事大綱：

馬克白是蘇格蘭貴族，在蘇格蘭叛變戰爭中獲得勝利，鄧肯王為酬庸他的英勇，有意將叛變貴族的領地轉賜予他。

馬克白和朋友班珂遇到三個怪誕女巫，這三個瘋狂可怕女人，稱他為考道伯爵，最後稱他為蘇格蘭王，她們也預言班珂子孫未來要統治蘇格蘭。

馬克白想要進一步詢問三個女巫時，她們消失了。稍後鄧肯王使者告訴他已成為考道伯爵時，馬克白大吃一驚，也

刺激馬克白的野心。

鄧肯王有一次外出，宣布將在馬克白城堡過夜，馬克白夫人也知道女巫預言，她甚至比丈夫野心還大，鄧肯王到他們家住宿是大好機會，她決定讓馬克白謀刺鄧肯，篡奪王位。

鄧肯到達那晚，馬克白城堡大擺宴席，馬克白在妻子慫恿下，潛入國王的寢室，一刀刺進國王的心臟。

這件謀殺嫁罪到鄧肯兩名侍從官身上，鄧肯王的兩個兒子逃亡了，馬克白被宣佈繼承王位，但鄧肯王好友麥克德夫懷疑馬克白是血案的兇手。

馬克白做一些恐怖的夢，他精神一直陷於恐懼之中他常常想到班珂子孫會登上王位，因此他決定要將班珂和他的兒子弗里安斯殺害。

馬克白派遣兇手在班珂和他的兒子來王宮的半路將其殺害，在扭打中班珂被殺，但是其兒子卻逃走了。

馬克白被班珂鬼魂困擾，加上他的兒子弗里安斯逃走，有一天回來要求王位，他更恐懼了。於是他去找女巫，女巫告訴他，他不會被女人所生的人打敗，除非有一天伯南大森林來到來到丹新南山上，否則永遠他不會被征服，馬克白感覺到自己不用害怕任何人，因為所有人都是女人生出來的，而且伯南大森林一定不可能由人力移動到丹新南山上。

不久，馬克白夫人意志奔潰了，兇殺及暴力惡夢使她瘋狂了。在麥克德夫攻打馬克白城堡的前夕便過世了。鄧肯王兒子瑪爾孔的軍隊，砍下青翠的樹枝，藏身樹枝的後面，遠

遠看去果然像伯南大森林移動前來，馬克白遇到麥克德夫，一面交戰一面嘲笑他是女人所生，但是麥克德夫卻是從其母親子宮中活活被割裂出來，預言實現了，馬克白越戰越疲，勝利的希望完全都破滅了。麥克德夫將手中長劍一揮，砍下馬克白的首級。[4]

（二）情節大綱：

第一幕

　　第一景　怪誕女巫預言將會見馬克白。

　　第二景　馬克白打敗叛變的考道伯爵。

　　第三景　馬克白和朋友班珂遇到三個怪誕女巫，這三個瘋狂可怕女人，稱他為考道伯爵，最後稱他為蘇格蘭王，她們也預言班珂子孫未來要統治蘇格蘭。

　　第四景　考道伯爵被處死，鄧肯王升馬克白為考道伯爵。

　　第五景　鄧肯王將到馬克白城堡住宿。

　　第六景　馬克白夫人恭迎鄧肯王。

　　第七景　馬克白夫人知道女巫預言，她甚至比丈夫野心還大，鼓勵馬克白殺鄧肯王。

第二幕

　　第一景　馬克白內心矛盾是否要殺鄧肯王，還看到匕首的幻影。

---

4 李啓範：《世界文學名著欣賞大典》戲劇（台北：聯經公司，1977年），頁 223。

第二景　馬克白暗殺鄧肯王，並嫁罪鄧肯兩名侍從。

第三景　翌日晨麥克德夫發現鄧肯王被殺。

第四景　麥克德夫懷疑馬克白是殺鄧肯王兇手。

第三幕

第一景　馬克白成為國王，陷於恐懼之中他常常想到班珂子孫會登上王位，因此他決定要派兇手將班珂和他的兒子弗里安斯殺害。

第二景　馬克白與妻子惶恐，擔心失去權力。

第三景　兇手殺死班珂，但他的兒子弗里安斯卻逃走。

第四景　班珂鬼魂出現在宮廷宴會上，馬克白更為驚恐。

第五景　怪誕女巫再度出現。

第六景　貴族間談論鄧肯王兒子將會復仇。

第四幕

第一景　馬克白去找女巫，女巫告訴他，他不會被女人所生的人打敗，除非有一天伯南大森林來到來到丹新南山上，否則永遠他不會被征服。

第二景　兇手殺死麥克德夫的兒子。

第三景　麥克德夫得知其孩子遭馬克白派出兇手殺死，決定與瑪爾孔一起出兵報仇。

第五幕

　　第一景　馬克白夫人不斷搓手及需要點燈，罪惡感讓其意志奔潰了，兇殺及暴力惡夢使她瘋狂。

　　第二景　馬克白軍隊準備抵禦。

　　第三景　馬克白穿起鎧甲準備開戰。

　　第四景　瑪爾孔軍隊將丹新南山上樹木砍下加以偽裝。

　　第五景　馬克白夫人死亡而使者也告知馬克白，丹新南山開始移動了。

　　第六景　瑪爾孔軍隊持續前進。

　　第七景　麥克德夫由於是從其母親子宮中活活被割裂出來，因此毫不畏懼馬克白，馬克白終被殺死。

　　（三）分析其戲劇危機發生原因及解決方式分別是：

　　1.預言危機：三個怪誕女巫，稱馬克白為考道伯爵，最後稱他為蘇格蘭王，她們也預言班珂子孫未來要統治蘇格蘭。結果馬克白果然成為考道伯爵及蘇格蘭王，最後也走向死亡。

　　2.陰謀設陷：馬克白在鄧肯王來到其城堡時，陰謀設陷灌醉侍從，結果暗殺鄧肯王成功，並嫁罪鄧肯王兩名侍從，因此成為國王。另馬克白成為國王，陷於恐懼之中他常常想到班珂子孫會登上王位，因此他陰謀設陷要殺死班珂和他的兒子弗里安斯，結果派出殺手將班珂殺死，但弗里安斯卻逃走。

　　3.自責瘋狂：馬克白夫人因罪惡感不斷搓手及需要點燈，最後終於意志奔潰瘋狂而死。

4.戰爭復仇：瑪爾孔及麥克德夫軍隊為報仇而戰爭，最後馬克白終被殺死。

四、《奧賽羅》：

（一）故事大綱：

奧賽羅是摩爾人，統領威尼斯軍隊。他提升卡希歐為他的幕僚長，引發依阿高的不滿。奧賽羅娶德斯底夢娜為妻，但德斯底夢娜父親布拉班修聽說女兒嫁給摩爾人，非常生氣，要求公爵只持公道，奧賽羅為自己榮譽辯護，而德斯底夢娜也支持奧賽羅的辯詞，奧賽羅之後受命前往賽浦路斯，於是將德斯底夢娜託付依阿高的妻子伊米利亞侍候。

奧賽羅戰勝歸來，奧賽羅與德斯底夢娜再度團聚，依阿高發誓報復，便告訴洛德里高，德斯底夢娜與卡希歐談戀愛。奧賽羅開慶功大會，依阿高把卡希歐灌的有些醉意，洛德里高挑激他，就打起來。奧賽羅因此懲罰卡希歐，將他降了官階，而依阿高卻告訴他，將向德斯底夢娜求情，藉她的好心幫助，將可恢復官職。

依阿高安排卡希歐與德斯底夢娜見面，同時也安排奧賽羅暗中觀看，使奧賽羅相信卡希歐與德斯底夢娜有親密關係，於是奧賽羅懷疑自己妻子不貞。

依阿高從妻子伊米利亞處取得德斯底夢娜的手帕，並將手帕藏在卡希歐房間裏，然後向奧賽羅說，卡希歐曾經用過德斯底夢娜的手帕，引發奧賽羅忌妒的烈火，發誓要報復。

依阿高說服洛德里高襲擊卡希歐，但洛德里高卻被擊傷，而依阿高就刺殺卡希歐，卻反而將洛德里高刺死。

　　奧賽羅進了妻子臥室，告訴德斯底夢娜，卡希歐已承認對她的愛情，之後將妻子悶死，此時伊米利亞進入，奧賽羅告訴伊米利亞，他是從依阿高那裡知道德斯底夢娜的不貞，伊米利亞不敢相信依阿高竟做這種指控。

　　當依阿高出現，伊米利亞舉出更多證據，證明她丈夫的罪惡，依阿高就殺了她，奧賽羅向依阿高衝去，但威尼斯的紳士阻止了他，奧賽羅痛苦瘋狂，將匕首刺進了心臟。威尼斯的特使保證說，依阿高將在塞浦路斯總督手上受盡折磨而死。[5]

　　（二）情節大綱：

第一幕

　　第一景　依阿高不滿奧賽羅未提升他成為幕僚長，因此心生不滿，前往布拉班修處，說其女兒德斯底夢娜遭摩爾人奧賽羅騙婚。

　　第二景　德斯底夢娜父親布拉班修與奧賽羅路中相遇產生衝突。

　　第三景　布拉班修要求公爵只持公道，奧賽羅為自己榮譽辯護，而德斯底夢娜也支持奧賽羅的辯詞，奧賽羅之後受命前往賽浦路斯，於是將德斯底夢娜託付依阿高的妻子伊米利亞侍候。

第二幕

---

5 李啓範：《世界文學名著欣賞大典》戲劇（台北：聯經公司，1977年），頁209。

第一景　奧賽羅戰勝歸來，奧賽羅與德斯底夢娜再度團聚，依阿高發誓報復，便告訴洛德里高，德斯底夢娜與卡希歐談戀愛。

第二景　奧賽羅因戰勝開慶功大會。

第三景　依阿高把卡希歐灌的有些醉意，洛德里高挑激他，就打起來。奧賽羅因此懲罰卡希歐，將他降了官階，依阿高建議向德斯底夢娜求情，藉她的好心幫助，將可恢復官職。

第三幕

第一景　依阿高安排卡希歐與德斯底夢娜見面。

第二景　奧賽羅巡視城堡。

第三景　卡希歐與德斯底夢娜見面遭奧賽羅撞見，依阿高並誤導奧賽羅說卡希歐與德斯底夢娜有親密關係，而依阿高從妻子伊米利亞處拿到德斯底夢娜的手帕，並且將其藏在卡希歐房間，然後告知奧賽羅。

第四景　奧賽羅向德斯底夢娜要他送給她的手帕，德斯底夢娜拿不出來。

第四幕

第一景　奧賽羅發現德斯底夢娜手帕竟然由卡希歐轉贈給娼妓手中更大爲生氣。

第二景　奧賽羅與德斯底夢娜發生激烈衝突，而依阿高說服洛德里高去襲擊卡希歐。

第三景　德斯底夢娜與伊米利亞言談中有不祥預感。

第五幕

第一景　依阿高說服洛德里高襲擊卡希歐，但洛德里高卻被擊傷，而依阿高就刺殺卡希歐，卻反而將洛德里高刺死。

第二景　奧賽羅進了妻子臥室，告訴德斯底夢娜，卡希歐已承認對她的愛情，之後將妻子悶死，此時伊米利亞進入，奧賽羅告訴伊米利亞，他是從依阿高那裡知道德斯底夢娜的不貞，伊米利亞不敢相信依阿高竟做這種指控。依阿高出現，伊米利亞舉出更多證據，證明她丈夫的罪惡，依阿高就殺了她，奧賽羅向依阿高衝去，但威尼斯的紳士阻止了他，奧賽羅痛苦瘋狂，將匕首刺進了心臟。威尼斯的特使保證說，依阿高將在塞浦路斯總督手上受盡折磨而死。

（三）分析其戲劇危機發生原因及解決方式分別是：

1.陰謀設陷：依阿高不滿奧賽羅未提升他成為幕僚長，因此心生不滿，設計陷害奧賽羅，結果他前往布拉班修處，說其女兒德斯底夢娜遭摩爾人奧賽羅騙婚，之後陸續陷害，讓奧賽羅自殺而死。

2.陰謀設陷：依阿高又陷害卡希歐，把卡希歐灌醉，讓洛德里高挑激他，結果雙方就打起來，奧賽羅因此懲罰卡希歐，將他降了官階。之後又再度襲擊卡希歐，但依阿高誤殺了洛德里高，卡希歐受傷。

3.忌妒失控：奧賽羅誤中依阿高陰謀，相信其妻子與卡

希歐有戀情，因而忌妒失控進了妻子臥室，結果將妻子德斯底夢娜悶死。

4.吐實遭害：伊米利亞不敢相信丈夫依阿高竟陰謀陷害別人，因此舉出更多證據證明她丈夫的罪惡，結果其丈夫依阿高就殺了她。

第二節　莎士比亞四大悲劇戲劇危機與湯顯祖《玉茗堂四夢》戲劇危機之比較

莎士比亞四大悲劇的危機類別，計有陰謀設陷、自信錯殺、拒絕虛偽、自我放逐、仗義被害、糾葛戀情、預言危機、自責瘋狂、戰爭復仇、忌妒失控、吐實遭害等 11 個類別，總數量有 18 個，戲劇危機一覽表詳如附錄十。

加以歸納分析有下述幾個特點：

1.4 齣戲都有陰謀設陷危機，運用總數量高達 8 個，在《哈姆雷特》出現 3 個、《馬克白》、《奧賽羅》中，出現 2 個，《李爾王》出現 1 個，包含哈姆雷特父親被謀害、哈姆雷特叔父寫信給英國國王要殺死哈姆雷特、哈姆雷特叔父安排毒酒毒劍要害死哈姆雷特、哀德蒙刺傷自己嫁禍其兄愛德加、馬克白暗殺鄧肯王、馬克白暗殺班珂父子、依阿高運用計謀陷害奧賽羅、依阿高運用計謀陷害卡西歐，至於危機解決方式，多為悲劇結果，包含殺人復仇、陷害而死、決鬥

致死、暗殺成功、陰謀陷害成功，僅有 2 個是喜劇結果，一個是《哈姆雷特》一劇中，哈姆雷特發現謀害信時而及時脫逃，另一個是《馬克白》一劇中，馬克白派出殺手將班珂殺死，但其兒子弗里安斯卻成功脫逃。

2.其中 2 齣戲都有出現鬼魂或女巫，包含《哈姆雷特》中父親的鬼魂，《馬克白》班珂的鬼魂及預言的女巫，這些鬼魂或女巫製造戲劇危機，並沒有解決戲劇危機。

3.危機解決方式多為悲劇的結果，包含陷害而死、決鬥致死等，就總數量來分析 18 個危機，其中喜劇結果有 2 個，16 個為悲劇結果。

4.戲劇危機數量安排，每一齣戲介於 4 至 5 個之間。

5.出現最多戲劇危機類依序分別是陰謀設陷（8 個）、自信錯殺（1 個）、拒絕虛偽（1 個）、自我放逐（1 個）、仗義被害（1 個）、糾葛戀情（1 個）、預言危機（1 個）、自責瘋狂（1 個）、戰爭復仇（1 個）、忌妒失控（1 個）、吐實遭害（1 個）。

6.戲劇危機的安排，其危機都會影響劇中人物的性命，其危機強度很高。

7.戲劇危機總共 18 個，其中有 9 個出現在戲的前半段，有 9 個放在戲的後半段，平均鋪排戲劇危機增加戲劇張力。

8.藉靠戲劇的衝突引發戲劇危機，以陰謀設陷部份為例，在《哈姆雷特》中，由於哈姆雷特叔父為陷害哈姆雷特，解決兩人之間的衝突，安排普婁尼阿斯之子賴蒂斯與哈

姆雷特比武，以毒酒及毒劍來殺死哈姆雷特，引發哈姆雷特性命危機；在《李爾王》中，哀德蒙假造一封信及自己刺傷自己來嫁禍其兄愛德加，說其要謀奪財產，造成其兄與其父親格勞斯特伯爵的衝突，而這個衝突引發愛德加被驅逐的危機；在《馬克白》中，馬克白在鄧肯王來到其城堡時，想要暗殺鄧肯王，造成兩人之間的衝突，而這個衝突也引發鄧肯王被害的危機；在《奧賽羅》中，依阿高陷害卡希歐，把卡希歐灌醉，讓洛德里高挑激他，造成兩人的衝突，也引發雙方鬥劍，可能造成殺傷或殺死的危機。

如果以湯顯祖的《玉茗堂四夢》戲劇危機來與莎士比亞四大悲劇戲劇危機比較的話，可以發現有其相同之處：

一、均運用陰謀設陷製造戲劇危機：以湯顯祖的《邯鄲記》為例，從第十九齣的飛語，盧生遭丞相宇文融陷害說其通番賣國，到第二十齣死竄，盧生被捉本要斬首其妻力救後免其一死送廣南鬼門關安置，而其戲劇危機解決方式則是第二十四齣功白黃帝明白真相後，將宇文融下獄殺之，讓盧生返朝成為宰相；相同的是以莎士比亞《哈姆雷特》為例，也是運用陰謀設陷的手法，如哈姆雷特叔父命吉頓斯坦陪同哈姆雷特前往英國，其行李中有寫給英國國王的信，希望能殺死哈姆雷特，幸好哈姆雷特提早發現，跳船逃命，最後在結局時，哈姆雷特叔父安排普婁尼阿斯之子賴蒂斯與哈姆雷特比武，以毒酒及毒劍陷害哈姆雷特，結果毒酒為其母誤喝毒發而亡，但哈姆雷特卻被毒劍劃傷而毒發死亡，不過死前卻將其叔父殺死。

　　二、陰謀設陷製造者都有悲慘的結局：湯顯祖的《邯鄲記》中丞相宇文融陷害盧生，最後被皇帝下獄處死，而莎士比亞的《哈姆雷特》，叔父陷害哈姆雷特父親也不斷陷害哈姆雷特，最後則遭哈姆雷特殺死。同樣安排惡有惡報的結局。

　　至於不同之處則有：

　　一、製造戲劇危機對象不同：以湯顯祖的《邯鄲記》為例，陷害盧生只有丞相宇文融一人，而以莎士比亞的《哈姆雷特》為例，陷害哈姆雷特不僅有其叔父，同時哈姆雷特也成為危機製造者，他誤殺普婁尼阿斯，也造成其子要復仇。

　　二、解決戲劇危機者不同：湯顯祖的《邯鄲記》戲劇危機解決者是皇帝，莎士比亞的《哈姆雷特》戲劇危機解決者是其自己。

　　三、在戲劇危機數量方面，莎士比亞的四大悲劇的戲劇危機總數量 18 個，每齣戲大概安排 4 個或 5 個危機，《玉茗堂四夢》戲劇危機總數量 15 個，則在 3 到 5 個之間，在數量上莎士比亞的四大悲劇較多，或許因為莎士比亞的四大悲劇以悲劇為結局，在劇情結束前必須再安排戲劇危機。

　　四、在戲劇危機類別方面，莎士比亞的四大悲劇運用的有陰謀設陷、忌妒失控、吐實遭害、預言危機、自責瘋狂、戰爭復仇、拒絕虛偽、自我放逐、仗義被害、糾葛戀情，其中陰謀設陷運用最多，高達 8 個，在《玉茗堂四夢》方面，有異族作亂、難癒疾病、生死抉擇、搭船落水、喝酒誤事、誤解冤屈、美色誘惑、觸犯當權、陰謀設陷、丞相招婿，其

中異族作亂（4 個）、難癒疾病（2 個）、觸犯當權（2
個）較多，至於陰謀設陷只有 1 個，也是唯一有重複的類
別。

　　五、在危機解決方式方面，莎士比亞的四大悲劇都是悲
慘的結果，18 個危機，僅有 2 個喜劇結果，至於在《玉茗
堂四夢》方面，也有悲慘結果如病重而死、遣返回鄉等，就
總數量來分析仍是團圓脫險多於死亡別離，15 個危機，其
中喜劇結果有 9 個，6 個為悲劇結果，分析其原因在於傳奇
要大團圓的結局，因此必須安排有喜劇的結果，以湯顯祖的
《邯鄲記》為例，盧生雖然被害但最後返朝成為宰相，莎士
比亞的《哈姆雷特》雖然完成復仇的命運，但卻犧牲自己的
性命。

　　經由上述分析可以了解，雖然中西環境文化的不同，
但在戲劇危機安排上依然存有相同之處，就是要讓劇中人物
陷於危險，而觀眾就會期待其結果如何，而產生持續觀賞的
興趣，不過危機最後的結果，在湯顯祖的戲曲都是善有善報
擁有完美的結局，但就莎士比亞戲而言，因為是四大悲劇，
自然需要安排悲劇結局。

第八章　結　論

　　西方戲劇從最早希臘戲劇也就運用戲劇危機，以索發克里斯（Sophocles）的《伊狄帕斯王》（Oedipus the King）為例，戲一開始，就安排戲劇危機，瘟疫正毀滅底比斯城，除非能找出並懲處殺死雷渴斯的兇手，伊狄帕斯王是否有能力能解除危機？尋覓的結果，伊狄帕斯王自己卻是殺人兇手，最後以自殘雙目自我放逐結束。而戲劇發展到英國莎士比亞戲劇時，莎士比亞的戲劇同樣也運用戲劇危機，包含運用陰謀設陷、忌妒失控等方式，讓劇中人物陷於危機，如《哈姆雷特》一劇，哈姆雷特叔父安排普婁尼阿斯之子賴蒂斯與哈姆雷特比武，卻以毒酒及毒劍陷害哈姆雷特，哈姆雷特是否能夠化解危機？結果毒酒為其母誤喝毒發而亡，但哈姆雷特卻被毒劍劃傷毒發死亡，而其叔父也被哈姆雷特殺死。

　　在中國戲劇方面，以最早宋元南戲《張協狀元》為例，張協進京趕考，途經五磯山遭強盜打傷，張協是否能化解危機？結果土地公現身將其救往古廟，讓他受到王貧女的照顧，而南戲最著名的劇本《琵琶記》也同樣運用丞相權勢製造戲劇危機，牛丞相欲招伯喈為婿，伯喈卻表現對愛情的忠貞，及不畏權勢，拒絕成為牛丞相之女婿，結果牛丞相對伯

喈之拒婚非常生氣，蔡伯喈是否能夠化解危機？

結果伯喈企圖辭官逃避，但丞相卻運用權勢讓皇帝下令逼迫伯喈成婚。到明傳奇的《玉茗堂四夢》，依然延續南戲讓劇中人物陷於戲劇危機的模式，以《還魂記》第二十二齣旅寄為例，柳夢梅搭船卻落水，有溺死的危機，戲劇危機解決方式是恰巧為杜麗娘老師陳最良所救，因此能促成與杜麗娘姻緣；《南柯記》以第二十六齣啓寇為例，檀蘿國四太子欲搶公主為妾，淳于棻有失去妻子的危機，而其戲劇危機解決方式則是淳于棻適時趕到解圍；《邯鄲記》以第九齣虜動為例，吐蕃準備作亂開始，造成劇中人物對戰爭的驚恐，然後持續擴大戰爭危機，而其戲劇危機解決方式則是第十五齣西諜，盧生用挑撥離間之計陷害吐蕃悉那邏將軍讓其被殺，吐蕃因而兵敗；《紫釵記》以第二十八齣雄番竊霸為例，吐蕃興兵作亂，讓前往邊關平亂的李益陷於生命危險的危機之中，而其戲劇危機解決方式則是李益以聯合大小河西制服吐蕃策略打敗吐蕃。至清傳奇《長生殿》，戲劇危機的模式也持續延用，以第二十五齣埋玉為例，御林將軍陳元禮殺楊國忠，再逼皇上殺楊貴妃，讓貴妃陷於失去生命的危機，而唐明皇同樣有失去妻子的危機，唐明皇是否能夠化解危機？結果唐明皇迫於無奈只得讓楊貴妃自殺馬鬼驛。

由此我們可以發現不論中外及古今，劇作家安排戲劇結構時，都會讓劇中人物陷於危機之中，至於危機的類別、危機數量、危機的強度及危機解決的方式，各人巧妙不同，藉靠危機的製造及解決，吸引著觀眾好奇的心持續觀劇。

　　《玉茗堂四夢》之戲劇危機類別，計有異族作亂、難癒疾病、生死抉擇、搭船落水、喝酒誤事、誤解冤屈、美色誘惑、觸犯當權、陰謀設陷、丞相招婿等，總數量爲 15 個，其中出現在劇中人物夢境中的戲劇危機有 7 個，包含異族作亂（2 個）、難癒疾病、喝酒誤事、美色誘惑、觸犯當權、陰謀設陷，而這些戲劇危機類別運用，在一般非人物夢境中也有運用，因此在夢境中運用的戲劇危機與一般情節運用並無不同，至於《玉茗堂四夢》戲劇危機與其他戲劇包含早期南戲、同期的明傳奇及後續的清傳奇和西方莎士比亞戲劇進行比較時，仍可發現許多的共通點：

　　1.戲劇危機數量，每一齣戲至少 3 個以上，如《還魂記》有 5 個，早期南戲《荊釵記》有 3 個，明傳奇《香囊記》有 4 個，清傳奇《長生殿》有 6 個，莎士比亞戲劇《哈姆雷特》有 4 個，藉靠一定數量維繫觀眾的好奇心。

　　2.危機解決方式並不是都化險爲夷，也有悲慘結果如病重而死、遣返回鄉等，《玉茗堂四夢》15 個危機，其中喜劇結果有 9 個，6 個爲悲劇結果；早期南戲 18 個危機，其中喜劇結果有 16 個，2 個爲悲劇結果；四齣明傳奇有 15 個危機，其中喜劇結果有 5 個，10 個爲悲劇結果；清傳奇 19 個危機，其中喜劇結果有 3 個，16 個爲悲劇結果；莎士比亞戲劇 18 個危機，僅有 2 個喜劇結果，不論悲劇或喜劇的結果，都能讓觀眾知道劇情的後續發展。

　　3.戲劇危機的強度很高，多數的危機都會影響劇中人物的性命，《玉茗堂四夢》戲劇危機類別中除美色誘惑及丞相

招婿外，其危機都會影響劇中人物的性命；早期南戲戲劇危機類別中除丞相招婿、勸婚再娶及夫妻分離外，其他的危機都會影響劇中人物的性命；四齣明傳奇戲劇危機類別中除丞相招婿及惡霸欺良外，其危機都會影響劇中人物的性命；清傳奇戲劇危機類別中除尋妻未果、爭風吃醋及夫妻分離外，其他的危機都會影響劇中人物的性命；莎士比亞四大悲劇所有的戲劇危機都會影響劇中人物的性命，顯見劇作家及觀眾都喜歡強度很高的戲劇危機。

4.戲劇危機的產生來自引發的戲劇衝突，多數來自人物與人物間的利益衝突，如《還魂記》杜太守與溜金王的衝突，因為溜金王想藉靠戰爭獲得財富，引發異族作亂的危機；早期南戲《荊釵記》錢玉蓮與孫汝權的衝突，因為孫汝權偷得十朋家書，並加以竄改，將家書改為休書並透露十朋已入贅相府，然後賄絡錢玉蓮後母逼婚，引發錢玉蓮投江自殺的危機；明傳奇《鳴鳳記》夏言與嚴嵩衝突，因為兩人政治觀點不同，引發忠良夏言被奸臣嚴嵩陷害的危機；清傳奇《桃花扇》侯朝宗與阮大鋮的衝突，來自侯朝宗得罪阮大鋮，於是遭其陰謀設陷說謀反，也引發侯朝宗可能被捕處死的危機；在莎士比亞悲劇《馬克白》中，馬克白與鄧肯王衝突，主要是馬克白想要成為國王，於是引發鄧肯王被害的危機。

5.戲劇危機運用模式包含陰謀陷害模式、引發戰爭模式、觸犯當權模式及不可預期意外等模式，如許多劇作家喜歡利用陰謀設陷的戲劇危機類別，也就是劇中人物遭人陷害情節的模式，如《邯鄲記》中的盧生遭丞相陷害通敵；早期

南戲《殺狗記》柳龍卿與胡子傳二人設計騙孫華，說其弟將謀害他，奪其妻子及財產；明傳奇《鳴鳳記》嚴嵩買通宦官向皇上進讒言陷害夏言；清傳奇《長生殿》安祿山其子安慶緒爲得權位，與安祿山親信李豬兒密謀陷害安祿山；莎士比亞悲劇《奧賽羅》依阿高不滿奧賽羅未提升他成爲幕僚長，因此心生不滿，設計陷害奧賽羅。

　　6.戲劇危機發生的時機，不論戲的前半段或後半段，都須妥善安排，以《玉茗堂四夢》而言，戲劇危機總共 15 個，其中有 9 個出現在戲的前半段，6 個出現在戲的後半段；早期四齣南戲的部分，其中有 10 個出現在戲的前半段，8 個出現在戲的後半段；在其他四齣明傳奇，戲劇危機總共 15 個，其中有 7 個出現在戲的前半段，8 個出現在戲的後半段；在清傳奇四齣戲，戲劇危機總共 19 個，其中有 9 個出現在戲的前半段，10 個放在後半段；在莎士比亞四大悲劇，戲劇危機總共 18 個，其中有 9 個出現在戲的前半段，有 9 個放在戲的後半段，平均鋪排，由此可見戲劇危機除要及早出現外，也要考量平均，以持續增加戲劇張力。

　　7.爲了安排大小收煞的戲劇高潮，事先必須安排戲劇危機，就《還魂記》的大收煞來看，其第 54 齣之聞喜，本齣戲杜麗娘告知父親原由，洗刷柳夢梅的罪名全家團圓，而其戲劇危機安排爲第 50 齣之鬧宴，柳夢梅遭岳父誤解爲偷其女兒屍體之兇手，遭受拷打並要處死；早期南戲《荊釵記》，其大收煞爲第四十八齣團圓，在宴會中錢安撫拿出荊釵爲十朋認出，於是夫妻團圓，而其戲劇危機安排爲第四十

三齣執柯，友人欲爲十朋做媒，如果十朋應允，將失去愛情忠貞的危機；在其他明傳奇《香囊記》，其大收煞爲第四十二齣群封，張九成全家團圓，並受封爲節婦義夫，而其戲劇危機安排爲第三十六齣強婚，趙舍人欲強行娶張九成妻並留香囊爲聘，鋪排張九成將失去妻子的危機；在清傳奇《長生殿》，其大收煞爲第五十齣重圓，唐明皇與楊貴妃在月宮團圓，而其戲劇危機安排爲第四十三齣改葬，唐明皇要啓墳改葬貴妃，卻發現貴妃玉體不見，唐明皇傷心又擔心；在莎士比亞悲劇《哈姆雷特》，其戲劇高潮爲最後的五幕二景，哈姆雷特殺死叔父復仇成功，而其戲劇危機安排爲四幕七景，哈姆雷特叔父安排毒酒及毒劍要害死哈姆雷特。

當然《玉茗堂四夢》戲劇危機因爲作者湯顯祖的生活經驗，包含其生存年代爲明神宗時期，有全國大災荒、異族作亂、宰相的亂政、官場惡行，加上其長子病死，因此戲劇危機產生包含異族作亂、難癒疾病、觸犯當權等戲劇危機類別也有其獨特性：

1.在每一齣戲都出現異族作亂的危機，架構戲劇時空爲戰亂的時代，增加緊張氣氛，但最後都順利解決，包含有三齣戲都是平亂成功，另一齣戲採財寶收買異族而解圍成功。

2.有兩齣戲《還魂記》《南柯記》都有難癒疾病危機發生，而其結果都是病重而死，但《還魂記》有藉靠神明解救，死而復活全家團圓。

3.《邯鄲記》《紫釵記》兩齣戲都有觸犯當權危機發生，而其結果劇中人物都遭不斷陷害，幸好有皇帝及俠士解危。

附錄一：《玉茗堂四夢》戲劇
危機一覽表

劇　名	危機類別	解決方式	備　註
《還魂記》	異族作亂	平亂成功（收買溜金王）	第 5 齣
	難癒疾病	醫藥無效（杜麗娘死亡）	第 16 齣
	生死抉擇	神明解救（杜麗娘回人世）	第 23 齣
	搭船落水	巧遇解救（陳最良救夢梅）	第 22 齣
	誤解冤屈	巧遇解救（夫妻團圓）	第 50 齣
《南柯記》	異族作亂	平亂成功（檀蘿國兵敗）	第 14 齣
	難癒疾病	病重而死（金枝公主病死）	第 23 齣
	喝酒誤事	作戰敗北（周弁酒醉戰敗）	第 30 齣
	美色誘惑	沉迷酒色（淳于棼遣返）	第 37 齣
《邯鄲記》	異族作亂	平亂成功（吐蕃兵敗）	第 9 齣
	觸犯當權	派往邊疆（盧生得罪丞相）	第 8 齣
	陰謀設陷	皇帝解圍（盧生陷害通敵）	第 19 齣
《紫釵記》	異族作亂	平亂成功（李益平吐蕃）	第 19 齣
	丞相招婿	俠士救出（黃衫豪士解救）	第 22 齣
	觸犯當權	不斷陷害（盧太尉奸計）	第 32 齣

附錄二：《玉茗堂四夢》大小
收煞一覽表

小收煞：

劇　名	小收煞	戲劇危機發生	推　論
《還魂記》	第 20 齣之鬧殤，本齣戲杜麗娘因病重而死。	第 16 齣之詰病，杜麗娘發生難癒疾病。	劇中杜麗娘面臨無法再遇情人的情形，安排思念而生病，觀眾會持續關心其愛情發展，而重病死亡也開啟柳夢梅能見到杜麗娘契機。
《南柯記》	第 29 齣之圍釋，檀蘿國四太子圍城，適時淳于棼趕到解圍。	第 14 齣之伏戎，檀蘿國興兵作亂。	異族作亂是大槐國的危機，淳于棼成為駙馬受國王重視封為南柯太守，而能平亂成功。
《邯鄲記》	第 16 齣之大捷，悉那邏將軍被殺吐蕃因而兵敗。	第 9 齣之虜動，吐蕃準備作亂。	唐軍中計遭吐蕃悉那邏將軍殲滅，平亂是朝廷重要工作，盧生奉命平亂，盧生用挑撥離間之計陷害吐蕃悉那邏將軍成功。
《紫釵記》	第 29 齣之高宴飛書，李益以聯合大小河西制服吐蕃。	第 19 齣之節鎮登壇，劉公濟將軍駐守邊關抵禦吐蕃。	與異族戰爭一直為朝廷困擾的事，呈現李益的智慧與能力解決朝廷危機。

大收煞：

劇　名	大收煞	戲劇危機發生	推　論
《還魂記》	第 54 齣之聞喜，本齣戲杜麗娘告知父親原由，全家團圓。	第 50 齣之鬧宴，柳夢梅遭岳父誤解爲偷其女兒屍體之兇手。	劇中柳夢梅受杜麗娘之託尋找父親，卻因陳最良錯誤資訊誤解爲偷其女兒屍體之兇手，險遭處死，幸杜麗娘及時出現化解危機，也因而有團圓結局。
《南柯記》	第 44 齣之情盡，淳于棼與父親妻子再見面。	第 35 齣之芳隕，公主病重而亡。	淳于棼與瑤芳公主結婚，公主病重而亡造成其內心傷心，淳于棼喝酒度日終被國王遣返回鄉，也因此求禪師能與妻團圓。
《邯鄲記》	第 30 齣之合仙，與眾仙一同前往東華帝君處修行。	第 28 齣之友嘆，盧生八十歲仍執迷功名。	盧生在夢境中仍執迷功名，並不適合呂洞賓尋找度世人選，因此讓其黃粱夢醒時，也醒悟人生。
《紫釵記》	第 52 齣之劍合釵圓，李益與霍小玉團圓。	第 37 齣之移參孟門，李益不願貴易妻拒絕爲婿，遭盧太尉綁下。	李益中狀元卻遭盧太尉不斷陷害，幸黃衫豪士解救李益，夫妻得以團圓。

附錄三：《玉茗堂四夢》戲劇 衝突一覽表

劇　名	衝突人物	衝突原因	造成戲劇危機
《還魂記》	柳夢梅 杜麗娘	柳夢梅遇杜麗娘鬼魂，內心陷於拯救鬼魂回生抑或逃避不理的內心衝突。	杜麗娘是否能復生？
	柳夢梅 杜太守	柳夢梅爲杜太守誤認爲掘墳賊而產生衝突時，柳夢梅遭受岳父的拷打，甚至被判死刑。	柳夢梅是否能躲過死刑？
	杜太守 溜金王	溜金王作亂想要進占中原，但杜太守抵禦平亂。	杜太守是否能平亂成功？
《南柯記》	淳于棼 檀蘿國四太子	檀蘿國四太子起兵要搶淳于棼之妻大槐國公主，因此產生衝突。	淳于棼是否能成功救妻？
	淳于棼 周弁將軍	周弁將軍因酗酒導致兵敗，淳于棼按軍令必須處死周弁將軍，但卻是其同鄉，引發衝突。	周弁將軍是否能脫險？
	淳于棼 大槐國王	大槐國公主過世後，淳于棼無法克服情欲誘惑與瓊英郡主喝酒做愛，完全不顧丈夫對妻子應有的忠貞，因此與大槐國王產生衝突。	淳于棼是否能得到大槐國王諒解？

《邯鄲記》	盧　生 宇文融	盧生驕傲得罪丞相宇文融,因而產生衝突,於是宇文融就不斷陷害盧生。	盧生被貶官爲陝州知府,鑿石開河、抵禦吐蕃、被誣陷通番賣國,盧生是否能化解災難?
	盧　生 吐蕃悉那邏丞相	盧生與吐蕃悉那邏丞相因戰爭而引發衝突。	盧生是否能戰勝完成平亂?
《紫釵記》	李　益 盧太尉	盧太尉不滿李益中狀元而不拜其門下因而產生衝突。	李益能化解盧太尉設下的計謀嗎?
	李　益 吐蕃	被前往邊關平亂的李益與前來侵略的吐蕃產生衝突。	李益能平亂成功嗎?
	李　益 盧太尉	李益不願貴易妻拒絕爲婿與盧太尉產生衝突,遭盧太尉綁下。	李益能順利脫困嗎?

附錄四：《香囊記》、《義俠記》、《鳴鳳記》、《驚鴻記》戲劇危機一覽表

劇　名	危機類別	解決方式	備註
《香囊記》	觸犯當權 （張九成得罪秦丞相）	派往邊疆 （張九成前往邊疆）	11 齣
	陰謀設陷 （張九成再遭秦丞相陷害）	出使敵國 （張九成出使敵國遭拘禁）	22 齣
	丞相招婿 （契丹公主欲嫁張九成）	拒絕成功 （以君恩妻義婉拒契丹丞相）	25 齣
	美色遭害 （趙舍人欲強行娶妻）	丈夫相救 （張九成返回救回妻子）	36 齣
《義俠記》	陰謀設陷 （西門慶與潘金蓮兩人在王婆家幽會並施毒計）	慘遭毒害 （武大郎捉奸，反被潘金蓮毒死）	14 齣
	鬼魂復仇 （武松追悼其兄，睡夢中其兄扮鬼出現告知死狀悽慘）	尋兇復仇 （武松殺其嫂，再殺奸夫）	17 齣
	惡霸欺良 （蔣門神開店，毆打施恩並強霸其店）	主持正義 （武松教訓蔣門神）	24 齣
	陰謀設陷 （張團練設計假意奉承武松，暗藏金銀酒器於其箱底，然後派人喊捉賊，使武松百口莫辯。）	尋兇復仇 （武松殺張團練復仇）	28 齣
《鳴鳳記》	陰謀設陷 （嚴嵩陷害夏言）	忠臣遭害 （夏言遭陷害而死）	6 齣

	觸犯當權 （楊繼盛上諫）	忠臣遭害 （楊繼盛被處死）	14 齣
	觸犯當權 （董傳策等人再諫）	忠臣遭害 （董傳策等被處死）	27 齣
	觸犯當權 （吳惺齋及張鶴樓再諫）	忠臣遭害 （吳惺齋及張鶴樓發配邊疆）	30 齣
	觸犯當權 （易弘器拒絕結黨）	恩人相救 （嚴嵩欲陷害易弘器為陸氏解救）	32 齣
《驚鴻記》	陰謀設陷 （漢王決定設計讓楊貴妃誘惑唐明皇，並毀謗梅妃與太子私通，好讓唐明皇廢太子及殺梅妃）	慘遭陷害 （梅妃被打入冷宮，太子被廢為庶人）	8 齣
	部將叛變 （安祿山叛變自稱大燕皇帝攻入京城，唐明皇逃往蜀地，而護衛軍隊殺楊國忠，並要求割恩正法，唐明皇只得讓楊貴妃佛堂梨樹下自盡）	平亂成功 （郭子儀完成平亂）	24 齣

附錄五：《六十種曲》戲劇危機一覽表

劇　　名	危機類別	解決方式	備註
《荊釵記》	丞相招婿（万俟丞相召十朋爲婿）	拒絕遭貶（派往荒地爲官）	19 齣
	陰謀設陷（孫汝權寫假休書）	投江自殺（錢玉蓮自殺）	21 齣
	勸婚再娶（友人作媒再娶）	夫妻團圓（因荊釵而團圓）	43 齣
《白兔記》	陰謀設陷（劉知遠看田瓜精欲殺）	驅鬼脫困（殺死瓜精脫困）	11 齣
	陰謀設陷（李三娘被工作逼迫）	忍辱完成（不畏痛苦）	16 齣
	陰謀設陷（謀殺小孩）	恩人救助（竇公救小孩）	22 齣
	引發戰爭（蘇林老將叛變）	平亂成功（劉知遠平亂）	25 齣
《幽閨記》	陰謀設陷（陀滿海牙遭陷，家族被迫害）	義士相救（其子陀滿興福獲救）	4 齣
	戰亂走散（兩家親人走散）	遇人相伴（重組配對逃難）	17 齣
	盜賊殺害（山賊欲殺蔣世隆）	義弟救之（義弟恰巧爲山賊首領）	19 齣
	夫妻分離（瑞蘭遭父親強行帶走）	夫妻思念（瑞蘭世隆分離）	25 齣
	丞相招婿（父將瑞蘭嫁狀元）	夫妻團圓（世隆即爲狀元）	35 齣
《殺狗記》	陰謀設陷（惡人計騙孫華謀害其弟）	兄弟失和（孫榮被趕出家）	6 齣

		自殺了斷 （孫榮投水自盡）	自殺未死 （孫老公公將孫榮救起）	10 齣
		陰謀設陷 （惡人遺棄孫華於雪地）	其弟救之 （孫榮經過相救）	12 齣
		陰謀設陷 （孫華派僕人謀殺孫榮）	僕人救之 （吳忠未殺反救）	30 齣
		陰謀設陷 （孫華遇見家門屍體）	其弟救之 （孫榮協助掩埋）	27 齣
		陰謀設陷 （惡人告官其兄弟殺人）	真相大白 （府尹查明真相）	35 齣
《香囊記》		觸犯當權 （張九成得罪秦丞相）	派往邊疆 （張九成前往邊疆）	11 齣
		陰謀設陷 （張九成再遭秦丞相陷害）	出使敵國 （張九成出使敵國遭拘禁）	22 齣
		丞相招婿 （契丹公主欲嫁張九成）	拒絕成功 （以君恩妻義婉拒契丹丞相）	25 齣
		美色遭害 （趙舍人欲強行娶妻）	丈夫相救 （張九成返回救回妻子）	36 齣
《浣紗記》		引發戰爭 （吳國及越國作戰）	兵敗投降 （越王投降爲僕）	6 齣
		觸犯當權 （伍子胥諫言夫差）	威權賜死 （伍子胥遭賜死）	33 齣
		鬼魂復仇 （伯嚭陷害夫差復仇）	復仇成功 （伯嚭被鬼魂捉住）	43 齣
		引發戰爭 （吳國及越國作戰）	兵敗自盡 （吳王兵敗自盡）	42 齣
《尋親記》		美色遭害 （郭氏美色遭惡人染指）	犧牲美色 （郭氏割面避失貞節）	7 齣
		陰謀設陷 （周羽遭害爲殺人犯）	神明解救 （神明托夢放周羽）	15 齣
《千金記》		陰謀設陷 （項羽設宴欲殺劉備）	智慧脫逃 （劉備藉故逃走）	13 齣
		引發戰爭 （楚漢戰爭）	兵敗自盡 （項羽兵敗自盡）	39 齣
《精忠記》		陰謀設陷 （秦檜受賄加害岳飛）	忠臣遭害 （岳飛父子遭害死）	9 齣

	鬼魂復仇 （岳飛鬼魂索命）	復仇成功 （秦檜夫妻暴斃）	33 齣
《鳴鳳記》	陰謀設陷 （嚴嵩陷害夏言）	忠臣遭害 （夏言遭陷害而死）	6 齣
	觸犯當權 （楊繼盛上諫）	忠臣遭害 （楊繼盛被處死）	14 齣
	觸犯當權 （董傳策等人再諫）	忠臣遭害 （董傳策等被處死）	27 齣
	觸犯當權 （吳惺齋及張鶴樓再諫）	忠臣遭害 （吳惺齋及張鶴樓發配邊疆）	30 齣
	觸犯當權 （易弘器拒絕結黨）	恩人相救 （嚴嵩欲陷害易弘器為陸氏解救）	32 齣
《八義記》	陰謀設陷 （屠岸賈派刺客謀殺）	義士相救 （刺客為義，羞愧撞槐樹而死）	14 齣
	陰謀設陷 （屠岸賈藉獒犬攻擊）	義士相救 （金瓜武士打死獒犬）	19 齣
	陰謀設陷 （屠岸賈屠殺趙家全家）	義士相救 （周堅穿趙朔之衣替死）	21 齣
	陰謀設陷 （屠岸賈殺趙家嬰兒）	義士相救 （程嬰捐子，公孫杵臼捐命，救趙氏孤兒）	34 齣
《三元記》	財寶遺失 （商人遺失銀袋）	物歸原主 （馮商等失主而主動交還）	15 齣
《南西廂記》	暴力搶親 （孫飛虎圍住寺門搶親）	俠士相救 （白馬將軍擊敗孫飛虎解圍）	12 齣
	背信毀約 （老夫人毀約已許鄭恆）	俠士相救 （杜將軍作主，鄭恆退親）	18 齣
《明珠記》	陰謀設陷 （盧祀丞相為報復劉震派殺手謀害）	俠士相救 （谷洪等殺手拒絕謀害）	5 齣
	陰謀設陷 （盧祀丞相陷害劉震	忠臣遭害 （劉震被關天牢，其妻女	15 齣

	未隨駕被抄家）	爲奴婢）	
	陰謀設陷 （劉無雙遭賜毒酒自盡）	神明相救 （劉無雙以續命膠丸救活）	35 齣
《玉簪記》	引發戰爭 （兀流作亂陳嬌蓮逃難）	逃難求生 （陳嬌蓮避尼姑庵）	4 齣
	陰謀設陷 （王公子爲得陳嬌蓮設計捉陳嬌蓮）	智慧化解 （陳嬌蓮未上當前往王府）	20 齣
《紅拂記》	引發戰爭 （薛仁皋起兵作亂）	逃難求生 （李靖妻逃命投奔樂昌公主處）	23 齣
	引發戰爭 （李靖率兵爭討高麗）	成功平亂 （李靖打敗高麗王）	27 齣
《北西廂記》	暴力搶親 （孫飛虎圍住寺門搶親）	俠士相救 （白馬將軍擊敗孫飛虎解圍）	5 齣
	背信毀約 （老夫人毀約已許鄭恆）	俠士相救 （杜將軍作主，鄭恆退親）	7 齣
《春蕪記》	陰謀設陷 （登徒子派人教訓宋玉）	自食惡果 （宋玉好友荊伙飛反教訓登徒子）	13 齣
	陰謀設陷 （登徒子在楚王前講宋玉壞話陷害）	自食惡果 （楚王查明事實反將登徒子去職）	21 齣
《琴心記》	盜賊殺害 （山賊欲殺司馬相如）	失財人安 （劫去所有財物但人平安）	18 齣
	陰謀設陷 （唐蒙設陷讓司馬相如入獄）	自食惡果 （廷尉反將唐蒙殺死）	30 齣
	逼婚改嫁 （卓文君父親強逼其嫁田太尉）	脫逃避難 （卓文君剪髮逃入山中）	33 齣
《玉鏡記》	引發戰爭 （西番部長石勒作亂攻打洛陽）	成功平亂 （溫嶠打敗石勒）	9 齣
	引發戰爭	成功平亂	26 齣

		（王敦叛亂）		（王敦兵敗被處死）	
《懷香記》		引發戰爭 （韓壽授命征討吳國）		戰爭勝利 （打敗吳國）	32 齣
《彩毫記》		引發戰爭 （安祿山叛亂）		兵敗被殺 （安祿山遭殺死）	14 齣
		陰謀設陷 （高力士及貴妃聯手陷害李白，協助永王叛亂）		遭害流放 （李白遭免其死罪，流放夜郎）	35 齣
《運甓記》		引發戰爭 （溪蠻攻擊）		戰爭勝利 （陶侃打敗溪蠻）	19 齣
		引發戰爭 （叛將蘇峻起兵）		成功平亂 （陶侃打敗叛將蘇峻）	32 齣
《鸞篦記》		丞相逼婚 （令狐丞相命趙文姝嫁給李翺做二夫人）		義妹相救 （義妹魚蕙蘭願替其嫁之）	5 齣
		陰謀設陷 （杜羔與溫庭筠遭陷害）		遭陷遺恨 （杜羔與溫庭筠無法錄取狀元）	11 齣
《玉合記》		引發戰爭 （安祿山興兵作亂）		兵敗被殺 （韓君平戰勝）	19 齣
		美色遭害 （沙叱利番將得知柳氏美艷欲娶為妾）		俠士相救 （沙叱利母親出現阻止，將柳氏還給韓君平）	31 齣
《金蓮記》		觸犯當權 （蘇東坡得罪王安石遭陷害）		遭害貶官 （蘇東坡被貶官至杭州）	7 齣
		觸犯當權 （蘇東坡以詩謗主遭陷害）		遭害貶官 （蘇東坡遭判罪下獄貶官至黃州）	17 齣
《四喜記》		引發戰爭 （胡永兒作亂）		成功平亂 （文彥博捉住胡永兒平亂）	37 齣
《繡襦記》		沉迷酒色 （鄭元和沉迷酒色）		遭打獲救 （鄭元和父親棒打至死並拋屍野外幸東肆長將其救活）	11 齣
		飢寒交迫 （鄭元和淪為乞丐）		恩人相救 （李亞仙救之）	31 齣
		丞相招婿		拒絕婚姻	35 齣

	（曾學士有女欲嫁之）	（鄭元和堅拒婚姻）	
《青衫記》	引發戰爭 （平盧節度使朱克融起兵作亂）	平亂失敗 （承璀將軍平亂失敗）	9 齣
	觸犯當權 （白居易諫言皇上）	遭害貶官 （白居易降官成為江州司馬）	14 齣
	美色遭害 （劉員外欲以千金娶興奴）	恩人相救 （白居易行船，聽琵琶聲知興奴在船上，而將其解救）	22 齣
《紅梨記》	美色遭害 （謝素秋前往王黼太傅家中表演）	遭陷拘禁 （謝素秋因具姿色遭其拘禁）	3 齣
	引發戰爭 （大金丞相幹離不作亂攻宋）	兵敗逃跑 （幹離不揮軍圍住京城，王黼獻出金銀財寶歌妓以求保命）	7 齣
《焚香記》	貪母逼婚 （桂英母貪財收金大員外金錢逼桂英改嫁　）	違背母命 （王魁與桂英廟中起誓死生患難誓不改節）	8 齣
	丞相招婿 （韓琦丞相欲將其女嫁給王魁）	拒絕婚姻 （王魁拒絕成親）	17 齣
	陰謀設陷 （金大員外取得王魁家書將其改為休書）	遭陷成功 （桂英氣憤王魁負心桂英，自縊而死）	22 齣
	引發戰爭 （西夏國將軍張元叛亂）	平亂成功 （王魁打敗張元）	31 齣
《霞箋記》	陰謀設陷 （灑銀公子密告李玉郎父親，其子與妓女來往）	遭陷被關 （李玉郎遭父親關在書房並痛打）	9 齣
	陰謀設陷 （麗容為其母出賣，誤上賊船）	設陷成功 （李玉郎翻牆逃家，得知麗容訊息跟追）	14 齣
	陰謀設陷 （伯顏丞相喜愛麗容，其夫人擔心失寵於是害之）	遭陷被綁 （麗容已被丞相夫人送至太后宮中）	18 齣

《西樓記》	陰謀設陷 （池相國公子以斷髮空書交于叔夜，讓其誤爲穆麗華斷絕來往）	設陷成功 （于叔夜思念穆麗華病重而離魂）	12 齣
	陰謀設陷 （池相國公子毒打穆麗華，希望逼婚成功）	拒絕威逼 （穆麗華拒嫁並聽聞于叔夜死亡，亦上吊自殺）	19 齣
	陰謀設陷 （池相國公子欲請刺客殺于叔夜）	陰謀失敗 （池相國公子及趙伯將反遭于叔夜刺客朋友胥表殺死）	37 齣
《投梭記》	陰謀設陷 （鴻門宴王導設計陷害謝鯤等忠臣）	忠臣遭害 （忠臣周頤、戴淵遭誅殺，謝鯤裝醉躲過一劫）	15 齣
	陰謀設陷 （伊尼大王要求童身美女祭祀，縹風被騙至伊尼廟遭綁）	陰謀失敗 （謝尚書命伊尼大王不得危害地方否則燒廟，並令其釋放童女）	19 齣
	引發戰爭 （錢鳳起兵準備與謝鯤決戰）	兵敗而死 （錢鳳兵敗被處死）	26 齣
《玉環記》	盜賊殺害 （韋皋遇盜匪）	好友相助 （好友克孝化解危機）	19 齣
	引發戰爭 （朱泚叛變　）	平亂成功 （韋皋率軍擊敗朱泚）	20 齣
	父親逼婚 （瓊英父親逼其嫁給王提領）	親人解救 （丟入河中前爲丈夫解救）	26 齣
《金雀記》	美色遭害 （齊萬年逼巫彩鳳爲妻）	神明解救 （巫彩鳳爲守貞節跳匡爲虎所救）	19 齣
	髮妻指責 （井文鸞質問潘安仁爲何再娶痛責）	化解糾葛 （井文鸞原諒潘安仁接回巫彩鳳全家團圓）	28 齣
《贈書記》	陰謀設陷 （衛三台陷害談侃全家，談塵逃難）	恩人相救 （妓女魏氏相救贈金銀讓其逃難）	4 齣
	逼打陷害 （妓女魏輕烟不肯招出談塵行）	脫困成功 （魏輕烟打死解子）	10 齣

	蹤遭鞭打，且魏輕烟被押往廟宇解子欲性侵）		
	陰謀設陷（衛三台再陷害淮陽刺史傅子盧，讓其討賊兵敗再殺之）	恩人相救（賈巫雲協助傅子盧對陣楊家府山賊）	21 齣
《錦箋記》	引發戰爭（白蓮社起兵作亂）	平亂失敗（柳淑娘父親中箭兵敗）	23 齣
	美色遭害（柳淑娘被選爲宮女）	女婢代進（女婢願意代替進宮）	33 齣
《蕉帕記》	陰謀設陷（兀沭請人協商秦檜將岳飛調回避免繼續圍城。）	忠臣遭害（岳飛遭處死）	12 齣
	引發戰爭（劉豫叛宋投奔兀沭，獲封爲大齊皇帝，龍驤不願成爲秦檜門生於是遭陷，被領兵派去平劉豫之亂）	神明解救（白狐精施法將賊將領劉豫魂魄牽走）	24 齣
《紫簫記》	人潮走散（元宵觀燈，李益與霍小玉走散）	團圓相聚（內官護送霍小玉歸來）	17 齣
	引發戰爭（吐蕃興兵作亂）	平亂成功（李益派往邊疆爲官，平亂成功）	28 齣
《水滸記》	勾引調戲（張三郎勾引宋江妾閻婆）	殺妾洩恨（宋江不滿閻婆將其殺之）	18 齣
	勾引調戲（張三郎欲調戲宋江妻）	好友相救（梁山泊好漢救之）	29 齣
	鬼魂復仇（閻婆女鬼魂怨恨找張三郎復仇）	復仇成功（張三郎被扯死）	31 齣
	官府追捕（宋江被埋伏官兵所捉）	好友相救（宋江行刑前爲梁山泊好漢所救）	27 齣
《玉玦記》	引發戰爭（張安國叛變）	兵敗被擒（張安國兵敗被擒）	11 齣
	美色遭害（秦慶娘與僕逃難過程中被	神明解救（秦慶娘被擄守節自盡，	14 齣

	擄，降官欲得秦慶娘）	但葵靈廟神救她讓其還魂）	
	逃難被捕 （王商被金兵所擄）	成功脫逃 （王商殺守衛逃回）	26 齣
《灌園記》	引發戰爭 （燕國樂毅攻打齊國）	戰爭勝利 （齊國兵敗失去七十餘城）	5 齣
	陰謀設陷 （楚將卓齒遭樂毅擒拿，樂毅設計讓卓齒殺齊王）	陰謀成功 （齊王遭誘騙被殺）	8 齣
	陰謀設陷 （田單用反間計挑撥樂毅與燕王）	陰謀成功 （樂毅遭撤換騎劫將軍代之）	17 齣
	引發戰爭 （田單計畫火牛進攻）	戰爭勝利 （燕國兵敗）	24 齣
	違背禮教 （齊王世子躲於太史家與其女兒幽會為太史發現，要將兩人綑綁丟於河中）	好運化解 （田單將軍前來迎立為王，解除危機）	26 齣
《種玉記》	愛情受阻 （霍仲孺與衛少兒戀情為其兄獲知，決定阻絕兩人）	各自遭難 （衛少兒遭陷害要去和番，霍仲孺入贅俞氏女）	9 齣
	引發戰爭 （渾邪王起兵）	戰爭勝利 （霍去病打敗渾邪王）	20 齣
《雙烈記》	引發戰爭 （方臘占據睦州想要滅掉宋朝）	平亂成功 （韓世忠打敗方臘並將其擒拿）	5 齣
	引發戰爭 （劉正彥等作亂廢高宗、殺恩相王淵）	平亂成功 （韓世忠率軍擊敗逆賊殺之）	19 齣
	引發戰爭 （金兀朮虜徽、欽二帝再攻江南）	戰爭勝利 （韓世忠率軍擊敗金兀朮，其女婿龍虎大王被擒）	27 齣
《獅吼記》	夫妻爭吵 （陳慥遭妻用繩綁住）	巫女協助 （陳慥經巫女協助換成綁住羊，其妻發現訝異不已）	17 齣

	夫妻爭吵 （陳慥妻又持杖亂打陳慥及小妾）	化解爭吵 （柳氏女遊地獄後決定痛改前非，柳氏女向其丈夫及小妾道歉）	20 齣
《義俠記》	陰謀設陷 （西門慶與潘金蓮兩人在王婆家幽會並施毒計）	慘遭毒害 （武大郎捉奸，反被毒死）	14 齣
	鬼魂復仇 （武松追悼其兄睡夢中其兄扮鬼出現告知死的很慘）	尋兇復仇 （武松殺其嫂，再殺奸夫）	17 齣
	惡霸欺良 （蔣門神鬧店，毆打施恩並強霸其店）	主持正義 （武松教訓蔣門神）	24 齣
	陰謀設陷 （張團練設計假意奉承武松，暗藏金銀酒器於其箱底，然後派人喊捉賊，使武松百口莫辯。）	尋兇復仇 （武松殺張團練復仇）	28 齣
《曇花記》	鬼怪攻擊 （巨蟒、猛虎、鬼兵前來恐嚇木清泰）	無懼平安 （木清泰心中無懼化解危機）	12 齣
	鬼怪攻擊 （小魔王團團圍住木清泰）	神明解救 （關真君打敗惡魔救出木清泰）	24 齣
《龍膏記》	陰謀設陷 （元載陷害張無頗故意修書王刺史，請其以張無頗偷御賜金盒之名將其處死）	陰謀成功 （張無頗遭王刺史拘捕並派卒子殺害他）	13 齣
	陰謀設陷 （元載遭魚朝恩陷害說其欺君誤國舞弊營私）	陰謀成功 （元載遭處死）	16 齣
《飛丸記》	陰謀設陷 （嚴世蕃決定要暗殺易弘器）	恩人相救 （嚴玉英得知訊息給銀子及食物，讓易弘器脫逃）	11 齣
《東郭記》	陰謀設陷 （田戴陷害齊人讓其擔任大將軍伐燕）	化險為夷 （齊人伐燕成功）	32 齣
《節俠記》	觸犯當權	威權賜死	4 齣

		（裴炎力諫武后不可建廟）	（裴炎被太后處斬）	
		觸犯當權 （裴由先直諫武后）	遭害流放 （裴由先被廷杖一百，流放嶺南）	6 齣
		陰謀設陷 （奸臣再施毒計，陷害裴由先）	遭害流放 （裴由先返回京城被捉，送往塞外，其妻盧鬱金與其母被遣回嶺南）	11 齣
		陰謀設陷 （奸臣再施毒計派人殺裴由先。）	力爭平反 （裴由先被追兵綁回但案被平反，封爲幽州帥）	25 齣
《雙珠記》		美色遭害 （李克成營長貪圖王楫妻之美色意圖陷害）	貞節拒絕 （王楫妻拒絕李克成營長榮華富貴誘惑）	8 齣
		陰謀設陷 （李克成營長設計陷害，自己弄傷自己卻栽贓王楫）	設陷成功 （王楫被屈打成招問絞刑）	14 齣
		困境自盡 （王楫妻郭氏將兒子賣掉準備自殺）	神明解救 （玄天上帝救欲自殺的王楫妻郭氏，因爲節婦有夫榮子貴之日）	21 齣
《四賢記》		引發戰爭 （捧胡結社作亂攻入烏古孫澤府）	兵敗被俘 （捧胡兵敗被俘）	26 齣
《驚鴻記》		陰謀設陷 （漢王決定設計讓楊貴妃誘惑唐明皇，並毀謗梅妃與太子私通，好讓唐明皇廢太子及殺梅妃）	陰謀成功 （梅妃被打入冷宮，太子被廢爲庶人）	8 齣
		部將叛變 （安祿山叛變自稱大燕皇帝攻入京城，唐明皇逃往蜀地，而護衛軍隊殺楊國忠，並要求割恩正法，唐明皇只得讓楊貴妃佛堂梨樹下自盡）	平亂成功 （郭子儀完成平亂）	24 齣

附錄六：《六十種曲》小收煞與
戲劇危機關係一覽表

劇　名	小收煞	戲劇危機發生	分　析
《荊釵記》	第 26 齣之投江，錢玉蓮見假休書投江自殺。	第 21 齣之套書，孫汝權寫假休書。	孫汝權偷得十朋家書，並加以竄改，將家書改爲休書，告知已入贅相府，並欲娶錢玉蓮，造成錢玉蓮投江自殺，以達到戲劇高潮。
《白兔記》	第 16 齣之強逼，三娘丈夫被逼走，兄嫂逼三娘再嫁，三娘不從，兄嫂逼迫日間挑水三百擔，夜間挨磨到天明。	第 10 齣之逼書，洪一不喜歡劉知遠，逼劉知遠寫休書。	洪一爲得家產，施出各種毒計，謀害劉知遠夫婦，因此逼走劉知遠後，再想害死三娘。
《幽閨記》	第 19 齣之偷兒擋路，蔣世隆與王瑞蘭逃難，遭山賊擄走。	第 16 齣之違離兵火，蔣世隆與其妹蔣瑞蓮因戰亂逃難。	讓蔣世隆持續遇到危機遭受生命危險，以達到戲劇高潮。
《殺狗記》	第 18 齣之窰中拒奸，柳龍卿、胡子傳二人設計挑撥孫榮，孫榮不爲所動。	第 6 齣之喬人行譖，柳龍卿、胡子傳二人設計騙孫華，說其弟將謀害他，奪其妻子及財	柳龍卿、胡子傳二人持續謀害孫榮及孫華兩兄弟，但已遭識破陰謀。

		產，於是孫榮被趕出家門。	
《香囊記》	第 22 齣之繫虜，張九成再遭陷害，被派往契丹探視淵聖二帝。	第 11 齣之看策，張九成廷試三策說權臣誤國奸佞滿朝，因此得罪秦丞相，遭丞相陷害。	張九成持續遭陷害，先被派往邊疆爲官，後又被派往深入異族，生命遭受威脅。
《浣紗記》	第 27 齣之別施，西施與范蠡別離前往吳國準備以美人計迷惑吳王。	第 21 齣之宴臣，范蠡建議越王用美人計並願犧牲自己未婚妻。	越王屈辱準備復仇，必須運用謀略，范蠡與西施願意犧牲，西施將面對敵人成功或失敗引發戲劇高潮。
《千金記》	第 20 齣之懷刑，韓信因糧倉被楚軍燒掉要處以死刑。	第 13 齣之會宴，楚漢相爭，項羽本要殺掉漢王劉邦。	楚漢相爭本有衝突，韓信投效劉邦，自然會因戰爭而有衝突，韓信會死亡嗎？引發戲劇高潮。
《精忠記》	第 20 齣之東窗，秦檜決定暗殺岳飛父子。	第 9 齣之臨湖，秦檜受賄加害岳飛。	岳飛父子忠心耿耿，卻因秦檜一人私利，戰功及生命是否都將化爲烏有？引發戲劇高潮。
《鳴鳳記》	第 16 齣之夫婦死節，楊繼盛被處死，其妻再諫後自刎而死	第 14 齣之燈前修本，楊繼盛上諫雖以被拔去指甲，仍然寫奏本。	嚴嵩掌權陷害忠良，忠臣楊繼盛不顧自我性命上諫皇帝，楊繼盛是否會成功？引發戲劇高潮。
《八義記》	第 21 齣之周堅替死，趙朔遭追殺，周堅穿趙朔之衣替死，但屠岸賈殺趙家三百餘口。	第 14 齣之決策害盾，屠岸賈與趙盾爭權，於是決定請刺客組甍謀殺。	屠岸賈追殺趙盾家人，其子趙朔遭圍捕，能否脫困引發戲劇高潮。
《三元記》	第 17 齣之完璧，趙乙趕回客棧欲尋	第 15 齣之斷金，馮商投宿發現銀	馮商不斷助人，是否能再度完成救助

	銀袋，馮商將銀袋交還。	袋，決定在客棧等失主。	引發戲劇高潮。
《南西廂記》	第 16 齣之飛虎授首，白馬將軍擊敗孫飛虎解圍。	第 12 齣之警傳閫寓，孫飛虎五千兵馬圍住寺門搶親。	搶親的危機藉靠張君瑞的謀略，派人找鎮守浦關白馬將軍前來救援而解除危機。
《明珠記》	第 26 齣之橋會，王仙客藉修橋與經過的無雙短暫會面。	第 15 齣之抄沒，盧祀丞相陷害劉震說其未隨駕係受叛將封官因此被抄家，劉震被下天牢，其妻女為奴婢。	王仙客與劉無雙因盧祀丞相陷害而別離，王仙客用計藉修橋而能與無雙見面，無雙贈明珠給王仙客。
《玉簪記》	第 23 齣之追別，潘必正搭船離開，陳嬌蓮追趕，兩人哭別。	第 22 齣之促試，觀主逼潘必正赴試離開陳嬌蓮。	潘必正與陳嬌蓮兩人訂情終身，但觀主怕潘必正與陳嬌蓮事情暴露有辱山門清譽，於是趕走潘必正。
《紅拂記》	第 25 齣之競避兵亂，李靖妻逃命投奔樂昌公主處。	第 23 齣之奸究覬覦，薛仁皋起兵作亂。	戰爭引發死亡或逃難，劇中人物身陷危機，引發戲劇高潮。
《北西廂記》	第 7 齣之夫人停婚，老夫人毀約，說崔鶯鶯已許鄭恆，因此只能以兄妹相稱多贈金帛。	第 5 齣之白馬解圍，白馬將軍應張君瑞請求前來救援擊敗孫飛虎解圍，原以為可與崔鶯鶯成親。	原本以為白馬將軍擊敗孫飛虎解圍後，張君瑞可娶崔鶯鶯卻又出現戲劇轉折。
《春蕪記》	第 18 齣之報仇，宋玉好友荊佽飛協助教訓登徒子，砍傷其腳。	第 13 齣之定計，登徒子派王小四巡守季府只要宋玉出現就給予教訓。	登徒子喜歡季小姐，因此運用計謀陷害宋玉，幸好宋玉有好友荊佽飛協助化解危機。
《琴心記》	第 30 齣之唐蒙設陷，唐蒙設陷司馬相如要騙其妻子病	第 28 齣之招安絕域，司馬相如招降西夷，但得罪武將	武將唐蒙貪圖私利，不喜歡前來招降的司馬相如，因

	故讓其返家，因私廢公而入獄。	唐蒙。	此設計陷害。
《玉鏡記》	第 23 齣之石勒報敗，溫嶠打敗石勒。	第 9 齣之石勒起兵，西番部長石勒作亂攻打洛陽。	石勒欲得中原，溫嶠在好友郭璞仙術的協助下，打敗石勒。
《懷香記》	第 25 齣之佳會贈香，韓壽與午姐幽會，午姐贈送西域異香，表示香氣之著身如妾之在懷耳。	第 17 齣之赴約驚回，韓壽欲與午姐相會卻遭人撞見而逃回。	韓壽愛戀午姐，經過多次努力終於幽會成功。
《彩毫記》	第 27 齣之誓死不從，叛變的永王捉住李白要求其效忠，但李白拒絕而遭下獄。	第 25 齣之永王設計，永王希望李白成爲其軍師。	安祿山的叛變造成朝廷易主，李白忠貞的志節造成其入獄的悲慘。
《運磚記》	第 20 齣之平蠻奏凱，陶侃打敗溪蠻。	第 19 齣之新亭灑泣，陶侃得知溪蠻攻擊。	異族作亂，陶侃忠勇打敗溪蠻。
《鸞篦記》			劇本過短，推論無小收煞安排。
《玉合記》	第 23 齣之祝髮，韓君平妻柳氏爲躲兵變剪髮成爲尼姑。	第 19 齣之發難，安祿山興兵作亂。	因安祿山興兵作亂，韓君平奉命抵禦安祿山，妻柳氏被迫爲躲兵變，剪髮成爲尼姑。
《金蓮記》	第 21 齣重貶，蘇軾未被處死被貶至黃岡。	第 19 齣之飯魚，蘇軾因遭章淳之陷害入獄擔心被處死。	蘇軾才華因遭章淳之嫉妒，因此遭其陷害入獄，生命陷入危機。
《四喜記》	第 23 齣之雙桂聯芳，宋郊與宋新兄弟考上進士。	第 19 齣之催赴春闈，宋郊與宋新兄弟父親催其進京趕考。	爲家庭榮耀，其父以事君盡忠即事親盡孝鼓勵進京趕考。
《繡襦記》	第 21 齣之墮計消魂，李亞先母搬家	第 17 齣之謀脫金蟬，李亞先母想出	鄭元和原想娶李亞先爲妻，卻因床

	搭船迅速離開，讓鄭元和與李亞先分離。	藉生病支開鄭元和計謀，然後搬家離開。	頭金盡，李亞先母於是設計離開，讓鄭元和傷心不已。
《青衫記》	第 14 齣之抗疏忤旨，白居易直諫卻遭貶官為江州司馬。	第 9 齣之河朔兵亂，朱克融起兵作亂。	白居易耿直個性建言兵事反遭罷黜。
《紅梨記》	第 11 齣之錯認，趙伯疇欲尋謝素秋卻誤認為已被送往番地。	第 3 齣之豪譖，教坊女樂謝素秋前往王黼太傅家中表演，因具姿色遭其拘禁。	趙伯疇與謝素秋一見鍾情，隨即謝素秋遭拘禁。
《焚香記》	第 24 齣之搆禍，桂英氣憤王魁負心。	第 22 齣之讒書，金大員外取得王魁家書將其改為休書。	金大員外欲娶桂英，因此運用各種計策陷害。
《霞箋記》	第 15 齣之被賺登程，麗容誤上賊船咬破手指寫血書告知李玉郎。	第 14 齣之麗容行售，麗容為其母出賣，騙其李玉郎帶著金銀要其搭船離開。	麗容貌美因而不斷有追求者，李玉郎欲娶其為妻，卻不斷遭阻隔。
《西樓記》	第 19 齣之凌窘，穆麗華被池相國公子逼打仍拒嫁。	第 12 齣之信誤，穆麗華寫信于叔夜，但信為池相國公子發現，於是將計就計，將穆麗華剪下頭髮放入信封中，並買通穆麗華之母教其送往杭州他新購住處，強迫成親。	穆麗華貌美因而池相國公子追求，破壞她與于叔夜結合，於是用計陷害。
《投梭記》	第 18 齣之哭友，謝鯤祭拜周顗、戴淵遭逮捕。	第 15 齣之陰伏，鴻門宴王導設計陷害謝鯤等忠臣。	忠臣與奸臣間之鬥爭，奸臣設計謀害謝鯤等忠臣。
《玉環記》	第 23 齣之韋皋領兵，韋皋率軍擊敗朱泚手下尤雲光。	第 20 齣之朱泚侵唐，朱泚叛變攻唐。	異族叛亂，韋皋率軍平亂，以謀略取勝。
《金雀記》	第 19 齣之投匡，	第 15 齣之打圍，	巫彩鳳之美色因齊

	齊萬年欲逼巫彩鳳為妻，為守貞節跳厓為虎所救。	齊萬年興兵作亂。	萬年欲強娶而守貞節跳厓。
《贈書記》	第 19 齣之認男作女，司禮太監找宮女有人推薦女尼，因此談塵成為司禮太監義女。	第 9 齣之女妝避緝，談塵為逃避追緝男扮女裝。	談塵家被抄，幸妓女魏氏相救贈金銀讓其逃難，談塵為逃避追緝男扮女裝。
《錦箋記》	第 24 齣之渝盟，柳淑娘父親已將其婚姻許配桃繡衣之子，因此梅玉與淑娘婚姻無法進行，但柳淑娘父親又必須平亂，婚姻無結果。	第 23 齣之盜起，白蓮社起兵作亂。	梅玉與淑娘婚姻因戰亂及許配桃繡衣之子而遭逢危機。
《蕉帕記》	第 20 齣之脫化，白狐精獲得八仙協助完成正果。	第 8 齣之採真，龍驤與白狐精偷情，白狐精交媾男精方能完成正果。	以白狐精完成正果過程，帶出龍驤其奮鬥過程。
《紫簫記》	第 19 齣之詔歸，內官護送霍小玉歸來。	第 17 齣之拾簫，元宵觀燈，李益與霍小玉走散。	李益與霍小玉走散，眾人擔心，後經太真囊娘協助與李益團圓。
《水滸記》	第 15 齣之聯姻，閻婆息嫁給宋江為妾。	第 12 齣之目成，張三郎對閻婆息產生邪念欲得之。	閻婆息母為錢財要將女兒嫁給宋江為妾，但張三郎也欲得閻婆息，因而產生衝突。
《玉玦記》	第 18 齣之截髮，降官欲得秦慶娘，但烈女不事二夫於是剪髮割面避免失節。	第 14 齣之擄掠，秦慶娘與僕逃難過程中被擄。	呈現秦慶娘的貞節，寧可犧牲生命及美貌也不願失去貞節。
《灌園記》	第 17 齣之田單用間，田單用反間計挑撥樂毅與燕王。	第 5 齣之樂毅攻齊，樂毅攻打齊國連下七十餘城。	田單用反間計成功，樂毅遭撤換，也讓田單有復仇機會。

《種玉記》	第 18 齣之被獲，霍仲孺被誤認為奸細被捉。	第 16 齣之往邊，霍仲孺接衛少兒信告知塞上相會，於是別妻前往。	為了能再見一面，霍仲孺到塞上希望見衛少兒，但因此被誤認為奸細被捉。
《雙烈記》	第 24 齣之鋤逆，韓世忠率軍擊敗逆賊殺之。	第 19 齣之得嗣，韓世忠正高興得子之時，卻又獲劉正彥等作亂廢高宗、殺恩相王淵的訊息，決定出兵復仇。	韓世忠打敗異族方臘，接著又有內亂，劉正彥等叛賊，甚至捉住韓世忠妻子及孩子威脅，因此韓世忠必須除逆賊。
《獅吼記》	第 19 齣之復形，陳慥變回原形，其妻答應讓其娶妾。	第 17 齣之變羊，陳慥遭妻用繩綁住，經巫女協助換成綁住羊，其妻發現訝異不已。	柳氏女（陳慥妻）忌妒蓋世，欺負陳慥，陳慥因遊赤壁晚歸遭妻頂燈不能睡覺懲罰，甚至用繩綁住，陳慥力圖反抗。
《義俠記》	第 18 齣之雪恨，武松殺其嫂，再殺奸夫。	第 16 齣之中傷，武大郎捉奸，反被毒死。	武松追悼其兄，並查出真兇為西門慶及潘金蓮，身為其弟武松自然要復仇。
《曇花記》	第 26 齣之聖力降魔，關真君打敗惡魔救出木清泰。	第 24 齣之西來遇魔，小魔王團團圍住木清泰，被逼從魔軍但堅拒。	木清泰為追求真道，歷經克服美食、美酒、美色克服人性之貪及巨蟒、猛虎、鬼兵前來恐嚇木清泰，都一一度過，小魔王雖攻擊，在關真君協助下度過危機。
《龍膏記》	第 18 齣之脫難，張無頗被袁大娘救出。	第 15 齣之羅織，張無頗遭王刺史拘捕並派卒子殺害他。	袁大娘奉玉帝之旨，南康秀才張無頗是天宮司香散吏，元載之女湘英是水府織鮹仙姝，

			他兩個宿緣未了，需合為夫婦，因此出面救之。
《飛丸記》	第 12 齣之憐儒脫難，嚴玉英得知訊息給金錢及食物，讓易弘器脫逃。	第 11 齣之園中落井，嚴世蕃決定要暗殺易弘器。	由於暗殺易弘器被嚴玉英得知，因此命丫環給銀子及食物讓易弘器脫逃。
《東郭記》	第 23 齣之與其妾訕其良人而相泣於中庭，齊人妻妾覺得丈夫不上進而難過，而齊人返家更欺騙在富貴人家飽餐。	第 15 齣之其良人出，齊人在外為乞丐。	齊人不求上進竟然在外為乞丐，乞食拜墓貢品，其妻發現恨之。
《節俠記》	第 18 齣之再貶，裴由返回京城被捉，送往塞外。	第 17 齣之毒媚，奸臣施毒計，將陷害裴由。	奸臣李秦綬與武承嗣陷害裴由流放嶺南反而裴由與盧鬱金成婚，於是再陷害。
《雙珠記》	第 21 齣之真武靈應，玄天上帝救欲自殺的王楫妻郭氏，因為節婦有夫榮子貴之日，因此護送與其婆婆相會。	第 8 齣之假恩圖色，李克成營長貪圖王楫妻之美色因此陷害王楫。	李克成營長設計陷害栽贓王楫，王楫被屈打成招問絞刑，王楫本欲將妻子改嫁剛喪偶的獄卒，王楫妻堅拒，幸王楫妻郭氏為為貞節欲自殺，玄天上帝救之。
《四賢記》	第 19 齣之弄璋，烏古孫澤妻杜氏產下一子。	第 2 齣之義勸，烏古孫澤嘆無子嗣。	烏古孫澤嘆無子嗣，日間遊神為賢德即將臨盆杜氏求天帝賜男孩，果然生一子。

附錄七：《六十種曲》大收煞與戲劇危機關係一覽表

劇　名	大收煞	戲劇危機發生	分　析
《荊釵記》	第 48 齣之團圓，錢玉蓮與王十朋團圓。	第 43 齣之執柯，友人欲爲十朋做媒，但十朋不願再娶。第 44 齣之續姻，義父錢安撫欲安排玉蓮再嫁，玉蓮不願。	讓玉蓮及十朋面對婚姻危機，如果再婚再娶將面臨不忠貞，幸好再嫁再娶都是同一人，結果爲大團圓。
《白兔記》	第 33 齣之團圓，劉知遠與三娘夫妻全家團圓。	第 22 齣之送子，三娘兄嫂欲將小孩丟入荷花池。	如小孩丟入荷花池淹死，將無後續打獵追白兔而遇其母情形，也將失去團圓的機會。
《幽閨記》	第 40 齣之洛珠雙合，世隆與陀滿興福分別與瑞蘭、瑞蓮成親。	第 25 齣之抱恙離鸞，蔣世隆重病，瑞蘭與父相遇，其父將瑞蘭強行帶走，夫妻分離。	蔣世隆重病在無人照顧情形下會死亡，而瑞蘭父的無情也讓這對萍水相逢的夫妻更爲可憐，幸好蔣世隆能克服困難考上狀元，化解危機。
《殺狗記》	第 36 齣孝友褒封，皇帝表揚孫華孫榮兄弟之愛。	第 35 齣之斷明殺狗，柳龍卿、胡子傳兩人告官，說其兩兄弟殺人。	開封府尹查明並非屬實，柳胡兩人遭廷杖，孫華孫榮無罪。

《香囊記》	第 40 齣之相會，邵貞娘告趙舍人搶婚，見香囊夫妻相認團圓。	第 36 齣之強婚，趙舍人欲強行娶妻，留香囊爲聘。	邵貞娘如遭趙舍人搶婚則夫妻將無團圓機會，幸好張九成爲官，因爲官司而能夫妻團圓。
《浣紗記》	第 45 齣之泛湖，范蠡與西施團圓在太湖搭船遊湖。	第 38 齣之誓師，越王出兵復仇。	越王復仇能否打敗吳王夫差是范蠡與西施能否再度團圓的關鍵，夫差失敗才能相會。
《千金記》	第 50 齣之榮歸，韓信返家與家人團圓。	第 39 齣之鏖戰，楚漢相爭，韓信設計殺掉項羽。	楚漢相爭，韓信如無法協助劉邦打敗項羽，就無返家團圓的機會。
《精忠記》	第 35 齣之表忠，皇帝將爲岳飛建廟，追封爲鄂國武穆王。	第 33 齣之同斃，岳飛鬼魂索命秦檜夫妻。	岳飛遭秦檜害死自然要報仇索命，此齣戲索命成功，秦檜夫妻突然暴斃。
《鳴鳳記》	第 41 齣之封贈忠臣，皇帝對忠臣均追贈受封。	第 36 齣之鄒孫准奏，鄒應龍與孫丕揚分別擔任監察御史及刑科給事，齊收嚴嵩等奸臣罪證向皇上諫言。	皇上採納忠臣的諫言，嚴嵩遭罷黜，後被斬以祭忠靈，過去忠臣的犧牲才有價值。
《八義記》	第 41 齣之報復團圓，趙氏孤兒全家團圓同時殺屠岸賈。	第 34 齣之替換孤兒，程嬰捐出自己兒子，公孫杵臼捐出性命，要救趙氏孤兒。屠岸賈殺之，由於程嬰密告還收趙氏孤兒爲義子。	屠岸賈殺程嬰兒子，以爲已殺趙氏孤兒，讓真正的趙氏孤兒未來有復仇機會。
《三元記》	第 36 齣之團圓，馮京中狀元又娶丞相女返家團圓。	第 25 齣之議親，丞相女生病需結婚沖喜。	馮京因其父不斷助人，因而有緣能讓其子成爲丞相女婿。
《南西廂記》	第 36 齣之衣錦還鄉，杜將軍作	第 35 齣之詭媒求配，鄭恆前來娶親	張君瑞希望能與崔鶯鶯成親，但孫飛

	主，鄭恆退親皆大歡喜。	說張君瑞已入贅尚書府，因此他要來強娶。	虎搶親、老夫人後悔、鄭恆娶親都是危機，幸好杜將軍作主，鄭恆退親圓滿解決。
《明珠記》	第 43 齣之榮封，王仙客與劉無雙團圓且受封為富平縣尹。	第 35 齣之飲藥，劉無雙被逼喝藥酒自盡。	因古押衙協助以續命膠救回劉無雙，而能與王仙客團圓。
《玉簪記》	第 33 齣之合慶，潘必正與陳嬌蓮成親團圓。	第 28 齣之設計，王公子設計要讓陳嬌蓮上轎逼婚。	王公子告官府陳嬌蓮騙婚反被打二十大板，而潘必正高中狀元要返鄉娶陳嬌蓮。
《紅拂記》	第 34 齣之華夷一統，李靖平高麗之亂返家團圓，並升官成為衛國公。	第 27 齣之奉征高麗，李靖率兵五萬攻打高麗，身陷戰爭危險。	李靖因屢建戰功已成為行臺兵部尚書，自然受皇帝重視，再受命平高麗之亂，如預期成功不但平安返家團圓，更升官成為衛國公。
《北西廂記》	第 20 齣之衣錦還鄉，張君瑞成為河中府尹並與崔鶯鶯成親。	第 19 齣之鄭恆求配，鄭恆前來娶親說張君瑞已入贅尚書府，因此他要來強娶。	杜將軍作主，鄭恆退親圓滿解決。
《春蕪記》	第 29 齣之團圓，宋玉與季小姐成親。	第 21 齣之杵奸，登徒子決定在楚王前講宋玉壞話陷害宋玉。	登徒子與宋玉都喜歡季小姐，因此運用計謀陷害宋玉，但楚王查明事實反處罰登徒子。
《琴心記》	第 44 齣之魚水重諧，司馬相如與卓文君全家團圓。	第 33 齣之空門遇使，卓文君父親強逼其嫁田太尉，於是剪髮逃入山中。	司馬相如遭唐蒙陷害入獄，卓文君遭逼迫，幸廷尉將唐蒙殺死解救，司馬相如而能夫妻團圓。

《玉鏡記》	第 40 齣之完聚，溫嶠全家團圓。	第 31 齣之繫獄，王敦逼溫嶠母及其妻叫溫嶠寫降書否則處死。	溫嶠拒絕王敦投降，後王敦兵敗被溫嶠所捉處死，而後全家團圓。
《懷香記》	第 40 齣之婚姻封錫，韓壽與午姐成婚，皇帝封韓壽爲河南尹並賜金帛。	第 32 齣之受詔參戎，韓壽授命爲平東經略使要征討吳國。	韓壽征討吳國成功，擁有官位、財富及婚姻圓滿結局。
《彩毫記》	第 41 齣之團圓受詔，郭子儀再爲李白諫言，皇上讓其返回京城與家人團圓並再恢復官職。	第 35 齣之盧山受枉，高力士陷害李白說其協助永王叛亂將其捉拿。	郭子儀爲李白化解危機，諫言皇上免其死罪流放夜郎，之後再努力諫言皇上，讓其返回京城與家人團圓。
《運甎記》	第 40 齣之官誥榮封，陶侃平亂成功，全家團圓並升官。	第 32 齣之蘇峻倡亂，蘇峻起兵叛亂。	陶侃協助溫嶠平亂成功而有圓滿結局。
《鸞篦記》	第 27 齣之圓成，溫庭筠與魚蕙蘭成親。	第 5 齣之仗俠，令狐丞相命令趙文姝要嫁給李爺做二夫人，但她已許配給杜羔，本想一死了之，其義妹魚蕙蘭願意犧牲，替其嫁之。	魚蕙蘭代嫁但李爺很快過世，魚蕙蘭入寺爲尼，後經趙文姝協助嫁給狀元溫庭筠，愛情有圓滿結局。
《玉合記》	第 40 齣之賜完，韓君平與妻柳氏團圓。	第 31 齣之砥節，沙叱利番將得知柳氏美艷欲娶爲妾。	韓君平與妻柳氏因安祿山之亂分離，歷經危機苦難終能團圓。
《金蓮記》	第 36 齣之畫錦，蘇軾返家團圓並升爲大學士。	第 25 齣之量移，蘇軾再被貶至嶺洲。	蘇軾受章淳之陷害，再度被貶。
《四喜記》	第 42 齣之衣錦團圓，宋郊與宋新兄弟返家團圓。	第 37 齣之帝闕辭榮，奸人李淑奏劾皇上說其兄弟姓名不吉及娶妓爲妾要	奸人陷害，幸皇帝英明得以化險爲夷。

		罷黜。	
《繡襦記》	第 41 齣之妍國流馨，鄭元和考上狀元並與李亞先成親。	第 35 齣之卻婚受僕，曾學士欲將其女嫁給鄭元和。	鄭元和原想考上狀元後能與李亞先成親，卻沒想到又遇到丞相嫁女的事，但鄭元和拒絕，化解危機。
《青衫記》	第 30 齣之樂天蒙召，白居易升為禮部侍郎並與裴娘團圓。	第 25 齣之樂天賞花，白居易知裴娘遭嫁走。	白居易與裴娘愛情雖有惡人阻擋，但終能團圓。
《紅梨記》	第 30 齣之永慶，趙伯疇與謝素秋成親。	第 23 齣之再錯，花婆設計紅梨花的鬼故事給趙伯疇聽，趙伯疇遠離是非之地進京趕考。	紅梨花的鬼故事主要激勵趙伯疇能進京考上狀元，然後功成名就雙喜臨門。
《焚香記》	第 40 齣之會合，王魁桂英團圓。	第 35 齣之雪恨，兵敗的張元欲復仇，準備攻王魁家鄉殺其家小。	王魁與桂英各自經歷生命危機，夫妻終能團圓。
《霞箋記》	第 30 齣之晝錦榮歸，李玉郎考上狀元與妻麗容衣錦榮歸。	第 19 齣之探音獲實，李玉郎追至相府得知麗容已被丞相夫人送至太后宮中。	李玉郎為追求麗蓉歷經多重困難，最後終能因考上狀元而團聚。
《西樓記》	第 40 齣之乖鸞，穆麗華與于叔夜成親。	第 37 齣之巧近，池相國公子欲請刺客殺于叔夜，沒想到請的就是胥表，反而池相國公子及趙伯將遭胥表殺死。	池相國公子為娶穆麗華而逼打，且陷害其戀人于叔夜，幸兩人都脫困危機而能成親。
《投梭記》	第 32 齣之大會，謝鯤升任太傅右丞相並與家人團圓。	第 26 齣之逆節，錢鳳起兵準備與謝鯤決戰。	謝鯤遭錢鳳與王敦等奸臣陷害，幸鹿精協助打敗錢鳳。
《玉環記》	第 34 齣之繼娶團圓，韋皋全家團	第 33 齣之孝懷泚，朱泚叛亂，韋	韋皋妻瓊英，其父親逼其嫁給王提

	圓同時再娶前世是玉蕭的女子爲妾。	皋平亂,因韋皋武藝高強而投降。	領,韋皋又受命平亂,愛情與生命都受威脅,幸能化險爲夷。
《金雀記》	第 30 齣之完聚,井文鸞原諒潘安仁接回巫彩鳳全家團圓。	第 28 齣之臨任,井文鸞質問潘安仁爲何再娶痛責。	潘安仁意外娶巫彩鳳爲妾,造成原配井文鸞不滿。
《贈書記》	第 32 齣之奉詔團圓,皇帝知悉談塵與賈巫雲同意其團圓而魏輕烟也成爲談塵的妾。	第 27 齣之花燭猜謎,一位男扮女裝的談塵與女扮男裝的賈巫雲兩人成親,兩人內心卻非常驚恐。	談塵爲逃避追緝男扮女裝,賈巫雲擔心其叔害之也女扮男裝,避免皇上選妃,卻陰錯陽差成爲夫妻。
《錦箋記》	第 40 齣之合箋,梅玉與淑娘團圓。	第 33 齣之代選,柳淑娘被選爲宮女而其女婢願意代替。	梅玉成爲進士,上奏經皇帝同意娶宮女而能與淑娘團圓。
《蕉帕記》	第 36 齣之揭果,小旦前身西施天曹罰爲白狐,爲交媾男精才能完成正果,最後告知龍驤來龍去脈。	第 29 齣之陷差,龍驤不願成爲秦檜門生於是遭陷,被領兵派去平劉豫之亂。	龍驤討逆賊小旦協助下雪,並施法將賊將領劉豫魂魄率走,度過危機。
《紫簫記》	第 34 齣之巧合,七夕之時李益返家與妻團圓。	第 24 齣之送別,李益中進士被派往邊疆爲官與妻別離。	因吐蕃願與唐朝重修舊好,因此李益得重返與妻團圓。
《水滸記》	第 32 齣之聚義,宋江行刑前爲梁山泊好漢所救並與妻團圓。	第 23 齣之感憤,宋江不滿閻婆息將其殺之,宋江被埋伏官兵所捉。	宋江行俠仗義,梁山泊好漢搶救成功。
《玉玦記》	第 36 齣之團圓,王商與妻團圓。	第 26 齣之擄忠,王商被金兵所擄。	王商殺守衛逃回江南得以夫妻團圓。
《灌園記》	第 30 齣之迎后合婚,田單將軍前	第 26 齣之迎立世子,齊王世子化名	由於田單將軍協助,齊王世子不但

	來迎齊王世子為王，解除危機同時也完成兩人婚姻太史女兒成為王后。	王立躲於太史家與其女兒幽會為太史發現，本與將兩人綑綁丟於河中。	成為皇帝也娶了皇后。
《種玉記》	第 30 齣之榮壽，霍仲孺七十大壽，全家和樂融融。	第 23 齣之遇親，霍去病打敗渾邪王因此解救父親霍仲孺。	由於異族叛亂，霍仲孺被誤認為奸細而被捉，多年後由其子解救。
《雙烈記》	第 44 齣之策封，韓世忠及其夫人受封。	第 38 齣之辯冤，韓世忠力辯岳飛冤屈，不畏秦檜奸相。	韓世忠妻卜卦，若能忍退必享福壽長遠，因此退隱山林而終有好報。
《獅吼記》	第 30 齣之同榮，佛印禪師見如來告知經過，如來道這般妒婦尚能化道十分欣喜，要其引見同成正果，因而了卻塵緣後一樣至靈山修行。	第 22 齣之攝對，閻羅王審柳氏女，牛頭馬面押上，閻羅王說其忌妒蓋世殘酷逆天，並叫其照業鏡自省認罪，在要施行刀鉤舌刑時，柳氏女認罪然後遭判官毒打，佛印禪師出現為柳氏女求情，閻羅王原諒放回，佛印禪師擔心其柳氏女舊念復明，於是要求領她遍遊地獄以增加信心。	柳氏女遍遊地獄後決定痛改前非，向其丈夫及小妾道歉。
《義俠記》	第 36 齣之恩榮，武松夫妻完婚，皇帝赦免罪行。	第 32 齣之挂羅，武松遭張青兄弟逮捕陷於生命危機。	武松因張青兄弟逮捕而得與宋江見面，因皇帝決定派陳元善太尉招降梁山泊好漢而得以赦免罪行。
《曇花記》	第 55 齣之法眷聚會，木清泰返家團圓。	第 38 齣之陰府凡情，北幽太子喜歡木清泰之侍妾決定	木清泰長年追求真道離家在外，家中也產生危機，幸賴

		要將其神魂顛倒。	許真君驅邪保護郭倩香及賈凌波而得以團圓。
《龍膏記》	第 30 齣之遊仙，張無頗及元湘英隨袁大娘山中學道。	第 23 齣之砥節，郭駙馬喜歡元湘英本欲納爲妾但湘英堅拒將其奪走。	張無頗以龍膏救活病重的湘英，因而造就因緣，但郭駙馬喜歡元湘英本欲納爲妾，經過張無頗努力兩人成親。
《飛丸記》	第 32 齣之咢合飛丸，易弘器與嚴玉英成親。	第 23 齣之堅持雅操，仇嚴因收嚴玉英爲奴見其美色欲收爲妾。	嚴玉英與易弘器秦晉宿緣，雖經歷危機，幸易弘器考上狀元，而能救回嚴玉英。
《東郭記》	第 44 齣之由君子觀之，齊人生日眾人慶賀。	第 32 齣之右師不悅，王驩陷害齊人讓其擔任大將軍伐燕。	齊人雖遭陷害但伐燕成功，享有功名富貴。
《節俠記》	第 32 齣之圓全，裴由與盧鬱金全家團圓。	第 25 齣之誣激，奸臣再獻毒計，將殺害裴由。	奸臣李秦綬與武承嗣不斷陷害裴由希望將其害死。
《雙珠記》	第 46 齣之人珠還合，王楫全家團圓。	第 28 齣之遇赦調邊，王楫免死罪被調往邊疆。	王楫陷於生命危機，西胡大將骨朵兒沇叛亂，王楫與陳時策合力打敗立功升官，因此也能團圓。
《四賢記》	第 38 齣之具慶，烏古孫澤全家團圓。	第 26 齣之遭難，捧胡結祉作亂攻入烏古孫澤府，烏古孫澤與其妻逃走，與其兒子失散。	捧胡結祉作亂攻入烏古孫澤府，烏古孫澤與其妻逃走。烏古孫澤兒子走失無音訊，幸烏古孫澤兒子考上狀元與父母團圓。

附錄八：《荊釵記》、《白兔記》、《幽閨記》、《殺狗記》戲劇危機一覽表

劇　名	危機類別	解決方式	備　註
《荊釵記》	丞相招婿 （万俟丞相召十朋爲婿）	拒絕遭貶 （派往荒地爲官）	19 齣
	陰謀設陷 （孫汝權寫假休書）	投江自殺 （錢玉蓮自殺獲救）	21 齣
	勸婚再娶 （友人作媒再娶）	夫妻團圓 （因荊釵而團圓）	43 齣
《白兔記》	陰謀設陷 （劉知遠看田瓜精欲殺）	驅鬼脫困 （殺死瓜精脫困）	11 齣
	陰謀設陷 （李三娘被工作逼迫）	忍辱完成 （不畏痛苦）	16 齣
	陰謀設陷 （謀殺小孩）	恩人救助 （竇公救小孩）	22 齣
	引發戰爭 （蘇林老將叛變）	平亂成功 （劉知遠平亂）	25 齣
《幽閨記》	陰謀設陷 （陀滿海牙遭陷家族被迫害）	義士相救 （其子陀滿興福獲救）	4 齣
	戰亂走散 （兩家親人走散）	遇人相伴 （重組配對逃難）	17 齣
	盜賊殺害 （山賊欲殺蔣世隆）	義弟救之 （義弟恰巧爲山賊首領）	19 齣
	夫妻分離 （瑞蘭遭父親強行帶走）	夫妻思念 （瑞蘭世隆分離）	25 齣

	丞相招婿 （父將瑞蘭嫁狀元）	夫妻團圓 （世隆即爲狀元）	35 齣
《殺狗記》	陰謀設陷 （惡人計騙孫華謀害其弟）	兄弟失和 （孫榮被趕出家）	6 齣
	自殺了斷 （孫榮投水自盡）	自殺未死 （孫老公公將孫榮救起）	10 齣
	陰謀設陷 （惡人遺棄孫華於雪地）	其弟救之 （孫榮經過相救）	12 齣
	陰謀設陷 （孫華派僕人謀殺孫榮）	僕人救之 （吳忠未殺反救）	30 齣
	陰謀設陷 （孫華遇見家門屍體）	其弟救之 （孫榮協助掩埋）	27 齣
	陰謀設陷 （惡人告官其兄弟殺人）	真相大白 （府尹查明真相）	35 齣

附錄九：《長生殿》、《桃花扇》、《多青樹》、《清忠譜》戲劇危機一覽表

劇　名	危機類別	解決方式	備註
《長生殿》	爭風吃醋 （貴妃驕縱唐明皇不滿將其趕回丞相府）	再度回宮 （高力士讓貴妃送髮來串情，讓唐明皇回心轉意）	6 齣
	叛將作亂 （安祿山叛變攻打長安）	避難西蜀 （唐明皇逃難）	23 齣
	部屬逼殺 （御林將軍陳元禮殺楊國忠，再逼皇上殺楊貴妃）	上吊自盡 （貴妃無奈只得自殺馬嵬驛）	25 齣
	諫言被殺 （樂工雷海青向安祿山諫言）	下令處死 （雷海青被殺）	28 齣
	陰謀設陷 （安祿山其子安慶緒為得權位，與安祿山親信李豬兒密謀陷害安祿山）	暗殺而死 （安祿山遭李豬兒謀刺而死）	34 齣
	尋妻未果 （唐明皇傷心啓壙改葬貴妃，卻發現玉體不見）	月宮團圓 （經由織女的協助，明皇與貴妃在月宮團圓）	43 齣
《桃花扇》	陰謀設陷 （侯朝宗得罪阮大鋮，於是遭其陰謀設陷說謀反）	別妻逃難 （侯朝宗為求活命只得逃離）	12 齣
	美色遭害 （田仰升漕撫欲娶香君）	血染香扇 （香君堅拒強娶，撞頭血染香扇，由他人代嫁）	17 齣
	陰謀設陷	謀殺而死	26 齣

	（高傑遭許總兵設計藉歡宴之名卻安排謀殺）	（高傑遭弓箭射死）	
	黨派鬥爭（復社人士聚會卻遭魏黨爪牙發現被逮）	捨官救人（張薇解救復社人士，捨官救人，將所有人釋放）	29 齣
	異族作亂（史可法死守揚州城抵禦清軍攻擊）	為國犧牲（揚州城失守，史可法跳江而死）	35 齣
	夫妻分離（侯朝宗與李香君歷經苦難在棲霞山相見）	出家修行（兩人覺得國難未了，於是兩人均出家修行）	40 齣
《冬青樹》	異族作亂（元軍作亂，文天祥受命招軍買馬抵禦外患）	談和被捕（文天祥與元將談和反被捕）	2 齣
	陰謀設陷（文天祥與真州統帥苗再成研商復國之計，但卻遭陷害被疑為間諜）	再度流亡（文天祥只得再度流亡）	14 齣
	囚禁遭虐（文天祥關入地牢遭虐元丞相博羅逼迫文天祥投降）	拒絕遭害（文天祥拒絕後被處斬）	20 齣
	拒絕招降（文天祥副將謝枋得也拒絕投降為官）	絕食而死（謝枋得絕食而死，因其忠勇鬼魂成為愍忠寺主）	32 齣
《清忠譜》	觸犯當權（魏千歲生祠完工，周順昌至魏千歲生祠痛罵，因此周順昌得罪魏忠賢）	被捕謀殺（周順昌被捉受盡酷刑，遭魏賊派人進監謀殺而死）	6 折
	聚眾示威（周順昌被捕，顏佩韋等英雄好漢聚集，懇求官府釋放）	捉遭處死（顏佩韋等義士被捉遭處死）	10 折
	鬼魂復仇（顏佩韋等英雄已成為鬼魂遇周順昌鬼魂，原本要上京報仇）	遭罷自殺（信王即位，魏賊遭罷自殺而死）	21 折

附錄十：《哈姆雷特》、《李爾王》、《馬克白》、《奧賽羅》戲劇危機一覽表

劇　名	危機類別	解決方式	出現時機
《哈姆雷特》	陰謀設陷 （哈姆雷特父親遭其叔父謀害而死）	殺死叔父 （查出兇手為叔父將其殺死）	第一幕第五景
	自信錯殺 （哈姆雷特錯殺女友父親普婁尼阿斯）	付出性命 （普婁尼阿斯之子賴蒂斯報仇成功殺死哈姆雷特）	第三幕第四景
	陰謀設陷 （哈姆雷特叔父命吉頓斯坦陪同哈姆雷特前往英國，其行李中有寫給英國國王的信，希望能殺死哈姆雷特）	成功脫逃 （幸好哈姆雷特提早發現，跳船逃命）	第四幕第三景
	陰謀設陷 （哈姆雷特叔父安排毒酒及毒劍要殺死哈姆雷特）	哈姆雷特及其叔父均死亡（哈姆雷特遭毒劍劃傷而死，其叔父遭哈姆雷特殺死）	第五幕第二景
《李爾王》	拒絕虛偽 （考地利亞卻表明她對父親的愛在心中，不在嘴裡的諂媚，因此無法獲得國土）	姊妹爭鬥中遭害 （考地利亞在獄中被處死）	第一幕第一景
	陰謀設陷	兄弟爭鬥中遭害	第一幕第二景

	（哀德蒙是私生子，卻假造一封信，陷害其兄愛德加，說其要謀奪財產，於是其父親格勞斯特伯爵非常生氣，之後哀德蒙又再陷害愛德加，自己刺傷自己卻嫁禍愛德加）	（哀德蒙陰謀被發現，兄弟決鬥被愛德加刺死）	
	自我放逐（二女兒瑞干不收留李爾王反請其回大女兒處，但長女剛乃綺也拒絕，於是李爾王只有自我放逐）	瘋狂力竭而死（經過不斷折磨，歷經三位女兒死亡，終至瘋狂力竭而死）	第二幕第四景
	仗義被害（格勞斯特伯爵基於情感及正義，協助李爾王前往多汶）	被挖去雙眼（結果格勞斯特伯爵被捉，且被康瓦挖去他的雙眼）	第三幕第三景
	糾葛戀情（剛乃綺與瑞干同時愛戀上哀德蒙）	死亡（哀德蒙重傷而死，剛乃綺自知姦情暴露，毒殺瑞干後自殺）	第四幕第二景
《馬克白》	預言危機（三個怪誕女巫，稱馬克白為考道伯爵，最後稱他為蘇格蘭王，她們也預言班珂子孫未來要統治蘇格蘭）	預言成真（結果馬克白果然成為考道伯爵及蘇格蘭王，最後也走向死亡）	第一幕第一景
	陰謀設陷（馬克白在鄧肯王來到其城堡時，陰謀設陷灌醉侍從）	暗殺成功（暗殺鄧肯王成功，並嫁罪鄧肯王兩名侍從，因此成為國王）	第二幕第二景
	陰謀設陷（馬克白成為國王，陷於恐懼之中他常常	暗殺未完全成功（派出殺手將班珂殺死，但其兒子弗里安	第三幕第一景

	想到班珂子孫會登上王位，因此他陰謀設陷要殺死班珂和他的兒子弗里安斯）	斯卻逃走）	
	自責瘋狂 （馬克白夫人因罪惡感不斷搓手及需要點燈）	瘋狂而死 （馬克白夫人終於意志奔潰瘋狂而死）	第五幕第一景
	戰爭復仇 （瑪爾孔及麥克德夫軍隊爲報仇而戰爭）	復仇成功 （馬克白終被殺死）	第五幕第二景
《奧賽羅》	陰謀設陷 （依阿高不滿奧賽羅未提升他成爲幕僚長，因此心生不滿，設計陷害奧賽羅，結果他前往布拉班修處，說其女兒德斯底夢娜遭摩爾人奧賽羅騙婚）	陰謀成功 （奧賽羅誤信陰謀，殺妻後自殺而死）	第一幕第一景
	陰謀設陷 （依阿高又陷害卡希歐，把卡希歐灌醉，讓洛德里高挑激他。之後又再度襲擊卡希歐）	陰謀成功 （奧賽羅因此懲罰卡希歐，將他降了官階。之後洛德里高卻被擊傷，而依阿高就刺殺卡希歐，卻反而將洛德里高刺死）	第二幕第三景 第五幕第一景
	忌妒失控 （奧賽羅誤中依阿高陰謀，相信其妻子與卡希歐有戀情）	誤殺妻子 （忌妒失控進了妻子臥室，結果將妻子德斯底夢娜悶死）	第五幕第二景
	吐實遭害 （伊米利亞不敢相信丈夫依阿高竟因謀陷害別人，因此舉出更多證據證明她丈夫的罪惡）	謀殺妻子 （其丈夫依阿高氣憤地殺了妻子伊米利亞）	第五幕第二景

參考書目

一、劇　本：

《六十種曲》台北：台灣開明書局，1970 年

黃竹山　馮俊杰主編《六十種曲評註》吉林：人民出版社，
　　2001 年

莎士比亞著 梁實秋譯 《哈姆雷特》台北：遠東圖書，1973
　　年

莎士比亞著 梁實秋譯 《李爾王》台北：遠東圖書，1973 年

莎士比亞著 梁實秋譯 《奧賽羅》台北：遠東圖書，1973 年

莎士比亞著 梁實秋譯 《馬克白》台北：遠東圖書，1973 年

洪昇，《長生殿》台北：華正書局，1980 年

孔尚任，《桃花扇》台北：華正書局，1980 年

李玉，《李玉戲曲集》上海：古籍出版社，2004 年

蔣士銓，《蔣士銓戲曲集》台北：中華書局，1970 年

《永樂大典戲文三種》台北：長安出版社，1978 年

二、中國戲曲理論類：

張敬，《明清傳奇導論》台北：華正書局，1986 年

俞為民，《明清傳奇考論》台北：華正書局，1993 年

曾永義，《中國古典戲劇論集》台北：聯經公司，1975 年

曾永義，《中國古典戲劇的認識與欣賞》台北：正中書局，
　　1991 年

徐朔方，《湯顯祖評傳》大陸：南京大學出版社，1993 年

徐朔方，《南戲與傳奇研究》大陸：湖北教育出版社，
　　2001 年

陳美雪，《湯顯祖的戲曲藝術》台北：台灣學生書局，
　　1977 年

黃麗貞，《南劇六十種曲研究》台北：商務印書館，1972
　　年

張庚、郭漢城，《中國戲劇通史》台北：丹青出版社，
　　1985 年

余秋雨，《中國戲劇文化史述》台北：駱駝出版社，1987
　　年

鄭培凱，《湯顯祖與晚明文化》台北：允晨叢刊，1995 年

錢南揚，《戲文概論》台北：木鐸出版社，1988 年

李漁，《閒情偶寄》台北：鼎文書局，1974 年

孫崇濤，《南戲論集》大陸：中華書局，2001 年

王安祈，《明代傳奇之劇場及其藝術》台北：台灣學生書
　　局，1986 年

廖奔，《中國古代劇場史》北京：中州古籍出版社，1995
　　年

吳新雷，《中國昆曲藝術》大陸：江蘇教育出版社，2004

年

孟瑤，《中國戲曲史》台北：傳記文學出版社，1979 年

葉長海，《中國戲劇學史稿》台北：藝術叢刊，1987 年

郭英德，《明清文人傳奇研究》台北：文津出版社，1991
年

王永健，《湯顯祖與明清傳奇研究》台北：志一出版社，
1995 年

廖玉蕙，《細說桃花扇》台北：三民書局，1997 年

李惠綿，《戲曲批評概念史考論》台北：里仁書局，2002
年

王璦玲，《晚明清初戲曲之審美構思與其藝術呈現》台北：
中央研究院中國文哲研究所籌備處，2005 年

朱芳慧，《游藝戲曲》台北：國家書局，2006 年

高禎臨，《明傳奇戲劇情節研究》台北：文津出版社，
2005 年

林鶴宜，《論明清傳奇敘事程式性》明清戲曲國際研討會論
文集，中央研究院中國文哲研究所籌備處，1998 年

三、西方戲劇理論類：

布羅凱特（Oscar G. Brockett）原著 胡耀恆譯，《世界戲
劇藝術欣賞》台北：志文出版社，1974 年

李啓範，《世界文學名著欣賞大典》戲劇 台北：聯經公
司，1977 年

姚一葦，《戲劇論集》台北：開明書局，1969 年

姚一葦，《戲劇原理》台北：書林出版公司，1992 年

王士儀，《戲劇論文集：議題與爭議》台北：和信文化，
　　1999 年

鄧綏寧，《編劇方法論》台北：正中書局，1992 年